URRIELLO A TRAVÉS DE SUS VÍAS

Cara norte del Urriellu, por donde el pastor Gregorio Pérez "el Cainejo" y el marqués Pedro Pidal dieron un paso de gigante en 1904, abriendo la primera vía en el Picu, descalzo el primero y con alpargatas el segundo (la foto del Cainejo es de la recreación de aquella escalada que hizo el programa *Al filo de lo imposible*).

No hay escalador nacional que se precie que no haya acariciado, ya sea en directo o al menos en sueños, la adherente caliza de la que hace gala el Urriellu, o Naranjo de Bulnes, o simplemente El Picu, pues la controversia sobre el nombre de la más identificable montaña peninsular forma parte de su idiosincrasia. Ya en 1855, en el primer *Mapa Topográfico de Asturias*, el geólogo germanoespañol Guillermo Schulz utilizó el término de Naranjo de Bulnes para tan característica genialidad geográfica, esa mole pétrea gris y anaranjada que se alza sobre el macizo de Los Urrielles, de donde venía por cierto la denominación de Picu Urriellu, que sigue siendo la favorita de los lugareños. Aunque, con 2519 metros de altitud, no es la elevación más alta de los Picos de Europa (una distinción que corresponde a los 2650 metros del pico Torrecerredo), los 550 metros de su desplomada pared Oeste, así como su aislamiento y la imponente verticalidad de sus cuatro caras, labradas por el paso de gigantescos glaciares y perfiladas por la erosión durante miles de años, lo han convertido en un emblema comparable a un Cervino o incluso a un Capitán. En los 116 años transcurridos desde el primer al último trazado dibujado en sus paredes, el Naranjo ha sido impasible testigo de las ansias de aventura de los humanos, de sus miedos y deseos de inmortalidad. En la actualidad suma unas 90 vías, cifra que probablemente no veremos crecer en los próximos años, pues la saturación de líneas –muchas de ellas ya con recorridos cruzados– es un hecho innegable. Sin ánimo de exhaustividad, pero procurando no dejar fuera a ninguno de los grandes nombres que en algún momento de sus vidas han ligado su destino al del Picu, damos paso a una selección de sus rutas más representativas, siguiendo el orden cronológico de sus aperturas.// **Por Eva Martos.**

Moñas 2630 m.

Naranjo de Bulnes 2380 m.

Llambrión

Los pioneros

Pidal/Cainejo, 1904 (Noreste)

Abierta por Gregorio Pérez "Cainejo" y el marqués Pedro Pidal el 5 de agosto de 1904. Es mucho lo que se ha escrito ya de esta primera vía abierta en el Naranjo –calificada de gesta, de hito histórico, de escalada imposible...– no solo en libros, también en películas, como el documental *Tras las huellas*, en el que el programa *Al filo de lo imposible* recreó en 1994 aquella escalada del pastor Gregorio Pérez y el marqués Pedro Pidal un 5 de agosto de 1904 (y que todavía se puede ver en RTVE a la carta). Una ruta pionera que no se puede entender sin detenerse en la irrepetible y adelantada mentalidad del marqués asturiano Pedro Pidal y Bernaldo de Quirós, gran deportista con 36 años en ese momento, que se entrenó específicamente para esta escalada, algo inaudito en aquella época. Incluso se fue a escalar el Dru como preparación, viajó a Londres a comprarse la mejor cuerda de escalada del momento (de pita) y a Madrid a por las más modernas alpargatas de esparto «que se agarraban a la roca como un pez», según dejó escrito en el relato de su ascensión. Fueron los intentos previos a la pared de los franceses Aymar d'Arlot y de Paul Labrouche los que precipitaron la puesta en marcha de aquella aventura, pues Pedro temió que unos extranjeros tomaran la delantera. Para que le abriera camino por los canalizos calcáreos no pudo escoger mejor guía que Gregorio Pérez Demaría, un pastor de Caín que se movía como rebeco por aquellos Picos, a quien Pidal describió: «Es un hombre fornido que vive en la peña mientras las nieves no le arrojan al valle; sus pies descalzos agarran como ventosas en las cornisas inclinadas de los acantilados infinitos que cuelgan sobre los precipicios de los Picos de Europa...».

Del relato de aquellas 4 horas y media que duró su ascensión permanecen para la historia algunas frases simbólicas, como las del Cainejo al inicio de la ruta, explorando el terreno: «Fui pasando y subiendo llastralezas y pasos medianos, perdí de vista a don Pedro por tener que atravesar la horcada, me asenté y lo registré bien: se veían unos saltos y unos canalizos... Volví atrás y le digo a D. Pedro: ¿sabe ud. que no se me hace tan malo como lo ponían?».

Y así fueron subiendo poco a poco, el pastor avanzando descalzo y el marqués "poniendo los pies y manos donde él había puesto los suyos", hasta llegar a una gran panza de roca aparentemente infranqueable que por poco les hace darse la vuelta, pero aquí fue Pidal quien vio una grieta oculta a la que aferrarse y dio con la solución: «Póngase usted sobre mis hombros primero, luego su pie izquierdo sobre mi mano derecha, y verá usted cómo le aúpo», le indicó al Cainejo, «y una vez que usted pueda echar los brazos por encima de esa panza, que no está del todo lisa, ya se agarrará usted y se ayudará con las rodillas». Hoy, más de 120 años después, todavía impresiona ese paso: cuando subáis por la ya conocida como "Panza de Burra" (Vº), paraos un momento e intentad imaginaros allí metidos con nada más que una cuerda a la cintura, escalando hacia lo desconocido....

Y así hicieron, con un clásico paso de hombros que después, en la bajada, le hizo murmurar al marqués «¡Dios mío, Dios mío! ¿Cómo subí yo por aquí?», y que pudieron descender dejando atrás un trozo de aquella preciada cuerda. Pero antes disfrutaron de las mieles de la cumbre, como cuenta el marqués «saltando, ebrio de placer y de entusiasmo, entoné, al llegar a la cumbre, el más formidable ¡hurra! que di en los días de mi vida... Era la una y cuarto de la tarde».

Como es bien conocido, el marqués de Pidal, además de un gran cazador aficionado, fue un ferviente defensor de la naturaleza que llegó a ser diputado y senador en las Cortes Españolas. En 1916 presentó en el senado una proposición de ley en defensa de los parques nacionales que, dos años después, desembocó en la declaración de Covadonga como el Primer Parque Nacional español, y uno de los primeros del mundo. Durante 18 años don Pedro ostentaría el cargo de Comisario de Parques Nacionales, que abandonó cansado por la falta de apoyo institucional, pero que abrió un importante camino que seguimos recorriendo hoy día.

VICTOR SANCHEZ

Schulze, 1906 (Noreste)

Las primeras clavijas

Gustavo Schulze era un geólogo de padres alemanes nacido en México a quien se le encomendaron unos trabajos topográficos en Picos y, como apasionado alpinista que era, supo ver el atractivo reto que presentaba el Urriellu. En el "Informe Anual de la Asociación Alpina Alemana-austriaca", de la que era miembro, dejó escrita la ascensión en solitario que realizó el 1 de octubre de 1906: «Mientras los primeros ascensionistas subieron por el punto donde termina al norte la gran cornisa, yo me esforcé trepando en la dirección vertical de la terraza hacia la parte sur de la cornisa, por una muralla lisa, extraordinariamente derecha y sumamente estriada por la lluvia», y así continúa describiendo con todo detalle el recorrido de su esca-

lada, que le llevó a la cumbre a las 13 h y a estar de vuelta en la base a las 16 h, tras un técnico descenso por la cara sur. Sin embargo, a los locales les costó mucho creer que aquel alemán de porte distinguido (medía 1,80 m y lucía unos grandes bigotes rubios) hubiera sido capaz de tal hazaña. El recelo se mantuvo hasta que un día del verano de 1907, reunido en la misma mesa con Pedro Pidal, Schulze le relató de nuevo su ascensión y, al término de la misma, le entregó al marqués una tarjeta que, explicó, había encontrado en una botella vacía en la cumbre, junto a otra llena destinada a quien consiguiera la escalada del Picu, según explicaba en la misma tarjeta. El abrazo del marqués, que corroboró la historia emocionado, disipó para siempre todas las dudas.

Arriba, foto actual de un escalador recorriendo la vía *Pidal/Cainejo*. Abajo, fotos de época de los pioneros del Urriellu, de izquierda a derecha: retrato del marqués Pedro Pidal; Gregorio Pérez "el Cainejo" (el de la izquierda) por Picos con un compañero pastor, y retrato del geólogo y escalador Gustavo Schulze. Ellos fueron los tres primeros hombres en la cima del Picu.

FOTOS: SAINT-SAUD.

VÍCTOR SÁNCHEZ

Arriba, cordada actual en la *Vía del paso horizontal* (abierta en 1928 en solitario por Manuel Martínez). Abajo, Víctor Martínez, el primer guía de escalada del Urriellu, aperturista de la vía que lleva su nombre por la cara sur. En la página derecha, fotos de dos de sus hijos que dieron continuidad a su oficio de guía: en blanco y negro Alfonso Martínez; y debajo Juan Tomás Martínez (a la izquierda), con Pedro Udaondo, en la casa de Caín del primero en el año 1998.

Esta escalada, además de ser la segunda ascensión al Picu, ocupa su lugar en la historia por ser la primera vez que se utilizaron clavijas de escalada en una pared española. Schulze las empleó para su descenso por la cara sur (pared que había explorado en una tentativa previa a su ascensión), dejando dos clavijas de hierro de las que montó sendos rápeles.

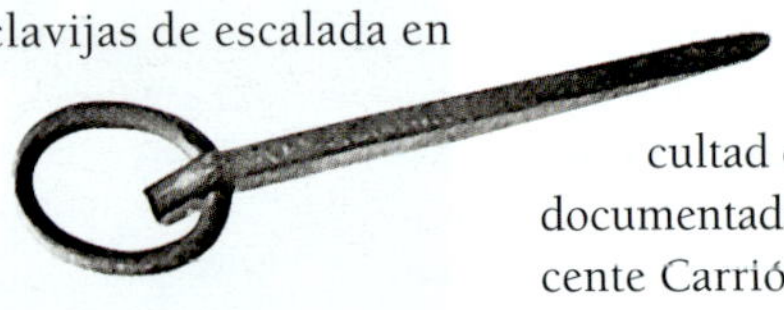

Víctor, 1924 (Sur).

El amo del Picu

Oriundo de Bulnes aunque residente en Camarmeña, Víctor Martínez no dudó en prestarse voluntario para acompañar a Severo López –cazador y uno de los pocos guías que había por entonces en Picos– a explorar un itinerario menos difícil que los dos recorridos anteriormente, atendiendo al encargo de José Fernández Zabala, ilustre escalador madrileño de aquellos años. Aquel intento del 27 de agosto de 1916 se vio frustrado por una tormenta, pero la chispa se había encendido en el joven Víctor ("un muchacho muy inteligente en trepar por la peña", según le describió Severo) y, por su cuenta y riesgo, solo cuatro días después, se aventura en solitario por la vertiente septentrional del Picu, siguiendo aproximadamente el recorrido de la primera ascensión, escalando con fluidez ante la atónita mirada de un vecino de Camarmeña que le observaba desde la base. Con esa naturalidad se convirtió en el cuarto hombre en pisar la cumbre del Picu, recuperando incluso en el descenso el trozo de cuerda dejado por Pidal y el Cainejo hacía doce años (que Schulze no llegó a ver, pues pasó por otra grieta paralela). De su siguiente ascensión hay muy pocos datos, pues el mismo Víctor no le dio mayor bombo, siendo su motivación la petición de Aurelio del Llano, el delegado regional de Bellas Artes en Asturias, de subir a la cumbre una bandera de España. Así lo hizo Víctor, sin que aparentemente el mástil de tres metros y medio, que efectivamente dejó instalado en la cima, supusiera para él una dificultad extra. Su siguiente ascensión sí está más documentada. La hizo acompañado por el catalán Vicente Carrión (quinta persona en la cumbre), un 19 de agosto de 1924, abriendo en esta ocasión un nuevo itinerario, el primero en surcar la cara sur, más corto pero también más vertical, que fijará con todo derecho su nombre a la montaña como la vía *Víctor*. También Víctor acompaña al siguiente en hacer cima, el vasco Ángel Sopeña, quien, frustrado tras varios intentos sin éxito con otros compañeros, decide contratar al "amo del Picu", con quien realiza un rápido ascenso por la cara sur. Ya consagrado como guía oficial, es solicitado por los siguientes escaladores en la cumbre del Urriellu: el vasco Enrique Etxebarrieta, el madrileño Marino Quel y el también vasco Alejandro Goikoetxea. Y, hasta su muerte en 1930, seguirá subiendo muchas veces con clientes de distintos puntos de la geografía, y también con algunos de sus diez hijos, dos de los cuales se encargan de mantener vivo su legado como veremos a continuación.

En 1928 coinciden dos ascensiones destacadas que no tienen como protagonista a Víctor: una es la del vizcaíno Andrés Espinosa, que escaló solo y sin cuerda por la vía *Víctor*; y la otra es la de Manuel Martínez Campillo, que se aventuró por la cara sur y, al llegar al infranqueable desplome, realizó una larga travesía hacia su izquierda, enlazando luego con la vía Víctor hasta la cumbre. Al realizarla también en solitario, de nuevo se enfrentó con el escepticismo de quienes escucharon su emocionado relato nada más llegar al pueblo y, ofendido, decide ese mismo día repetir la escalada por el mismo sitio, esta vez acompañado de Manolo Mier Campillo. "Los Manolos" traen consigo el libro de la cumbre como prueba irrefutable de su ascensión, con la que quedó inaugurada la desde entonces conocida como *Vía del paso horizontal*.

Hermanos Martínez, los que dieron con la llave

De las aproximadamente 2000 cordadas (unas 4500 personas) que se estima suben al Urriellu al año, el 70% acceden por la vía *Directa de los Martínez*, en la cara sur, que no es ni más ni menos que una variante de 55 metros (la mitad) de la vía *Víctor*. Aunque está considerada la "vía normal", no es la más fácil. Alfonso y Juan Tomás Martínez, hijos del ya mencionado Víctor, son los verdaderos "hacedores" de que el Picu haya sido accesible a miles personas. Sin duda, a decir de su familia, esa era su intención. ¿Por qué?

Nacidos en 1908 y 1919 en Camarmeña, el pueblo de Cabrales que tiene la mejor y más cercana vista del Picu, crecieron viéndolo. Pastores primero y guías después, siguieron los pasos de su padre trepando por las llambrías de los Picos y realizaron cientos de ascensiones no solo al Naranjo sino también a las Peñas Santas, Torrecerredo y Lambrión. Cuando guiaban sabían que la seguridad venía desde arriba, tensando la cuerda. De esa manera ayudaban a quienes no habrían sido capaces de subir "sin cuerda". Hasta 1944 utilizaban la vía de su padre, la *Víctor* de 1924 o la de sus primos "los manolos de Bulnes", la *Vía del paso horizontal*. En ambas se encontraban con el mismo problema: largas travesías que impedían tensar la cuerda y que, de producirse una caída del cliente, no podrían pararle, con consecuencias dramáticas durante el enorme péndulo. Tras mucho estudiar la pared, dieron con la solución en agosto de 1944, permitiendo hoy a miles de escaladores primerizos subir a la cima. Colocándose en el centro consiguieron abrir en 55 metros una entrada directa a la "terraza central" (segundo largo de la *Víctor*) donde ya vuelve lo vertical; evitando así la travesía a la derecha; olvidándose también de la aterradora travesía de la vía de sus primos. En dos largos, uno de 15 y otro de 40 m, con pasos difíciles pero aislados, muy asegurables y con buenos agarres, lograron dejar cerrado el capítulo de vías con travesías horizontales imposibles de asegurar.

Esa fue su genialidad: dotar al Picu –dar a la gente– una vía totalmente asegurable desde arriba. Ellos vieron lo que antes parecía impensable y hoy nos parece obvio. Unos genios. Los guías de hoy se lo debemos todo.

Alfonso y Juan Tomás estaban superdotados para la escalada. Tenían cuerpos de atleta, construidos con el ADN de miles de años de civilización pastoril en las intrincadas peñas de los Picos, que durante milenios se dedicaron a cuidar los rebaños, a "desgarmar" sus cabras y perseguir rebecos. Los clientes que fueron con

COLECCIÓN PEDRO ANTONIO ORTEGA

ellos en los años 60 y 70 recuerdan a un Alfonso que se movía por las rocas con una agilidad, finura y velocidad pasmosas; a un Juan Tomás que tenía una capacidad de concentración y sentido del equilibrio espectacular. Sabían orientarse fantásticamente bien en la niebla y los Jous, niebla que confesaban ellos mismos temer y reconocían como mayor peligro en Picos. Tenían un sentido casi sagrado de cómo cuidar al cliente. Nunca en cientos de salidas tuvieron un accidente.

Fueron también los descubridores de manera natural, al igual que pasó en otras culturas pastoriles y cazadoras reconvertidas al oficio del guiaje, de lo que algunos toman como una disciplina moderna: la cuerda corta. La usaban en el Anfiteatro de la Sur y en crestas como las del Llambrión y el Tiro Tirso. Está todo inventado y en los Picos por los Martínez.

Alfonso subió 413 veces al Naranjo. Nunca lo dijo a nadie, excepto a su mujer Teresita. Nunca le dio mayor importancia. Siempre dormía en casa incluso cuando tenía que subir clientes al Picu y no le daba tiempo en el mismo día; los dejaba en el refugio, bajaba a Camarmeña y al día siguiente subía por Camburero, recogía a la parte del grupo que había quedado sin subir, y vuelta a empezar. 2500 metros a la cima. Era tan excepcionalmente hábil en la escalada que, según contaba fascinado Pedro Antonio Ortega "el ardilla", lo había visto destrepar la Sur de cara al valle, sin volverse a la pared. Por su parte Juan

COLECCIÓN PEDRO UDAONDO

Tomás se asentó recién casado en Caín, pero pasaba del centenar de ascensiones, muchas desde casa en el día, 2900 metros de desnivel.

Quizá lo más impresionante es que cuando les preguntaban por qué seguían subiendo gente al Naranjo teniendo otros trabajos estables, respondían que creían un deber ayudar a subir a quienes se lo solicitaban, era su "misión" en el Picu.

Erik PÉREZ
(Guía de Alta Montaña UIAGM, escaló por primera vez al Picu en 1974, y la primera vez guiando en 1980. Autor de *Cincuenta Excursiones Selectas de la Montaña Asturiana* y *Cinco Montañas Clásicas Asturianas*).

Primeras vascas y la invernal de Udaondo/Landa

FERNANDO CALVO

Régil (Noroeste) y Cepeda (Este), 1955

Arriba, Pedro Udaondo en el año 2006 (con 71 años), subiendo en invierno a la cima del Urriellu en la celebración del 50 aniversario de la primera ascensión invernal a la montaña, que realizó él mismo con Ángel Landa el 8 de marzo de 1956; a la derecha, foto de cumbre tras esa primera invernal, y abajo retrato de esta genial cordada vasca (Pedro falleció en 2007, en un accidente de montaña en su querido Picos de Europa; y Ángel falleció en 2020, a los 85 años).

En esos años se contabilizaban ya más de un centenar de ascensiones al Picu –entre ellas una veintena realizadas por mujeres–, todas ellas por las vías ya mencionadas (con algunas variantes, intencionadas o no), a las que solo se añadió la *Carletto Ré* en el año 53 por la cara norte, abierta por el mismo Carletto –escalador italiano residente en España–, junto a Francisco Pérez y uno de los hermanos Martínez, Alberto. También se produjeron los primeros accidentes mortales y, ante la creciente afluencia de visitantes, se empieza a construir el primer refugio en Vega Urriellu, inaugurado el 5 de agosto de 1954 (conmemorando el cincuenta aniversario de la primera vía, la *Pidal/Cainejo*). Por entonces también Félix Rojo, escalador de Cordiñanes, subirá porteando a sus espaldas la figura de la Virgen de las Nieves, esculpida por el asturiano Antonio Rodríguez Sampedro, que instala en la cima. Así hasta que en el verano de 1955 confluyen dos nuevas aperturas, ambas a cargo de vascos, que en realidad coinciden con algunos tramos con vías anteriores. La primera la realizan los hermanos Andrés y José María Régil el 14 de julio de 1955, entrando por el hombro noroeste, por el que recorren unos 300 metros para después unirse a la original *Pidal/Cainejo*. Es posible que esta misma entrada ya fuera ascendida en solitario en julio de 1936 por el madrileño Francisco González, que según su propio relato había subido «por

el contrafuerte, sin entrar en la canal de la Celada, teniendo que descender a la Gran Cornisa para pernoctar. No pude continuar por el temporal de lluvia y por habérseme roto las alpargatas». La vía queda por tanto unida a quienes la terminaron, conociéndose desde entonces como la *Régil* que, con 600 metros, es la línea más larga abierta hasta entonces.

La segunda apertura de ese año la protagonizan Pedro Udaondo, María Jesús Aldecoa y Jaime Cepeda el 21 de septiembre de 1955, inaugurando la primera ruta de la cara este y siendo la primera vez que una mujer participa en una apertura. En realidad comenzaron por la vía *Schuzle* pero, una vez llegaron a la repisa encima de la Y griega, a Pedro no le pareció muy difícil lo que tenía por encima y decide seguir de forma directa, superando un difícil paso elegantemente en libre hasta llegar al característico agujero que da acceso a la cara sur, por el que no pasaron, sino que continuaron hasta la cumbre por el hombro este. Esta aún hoy exigente escalada nos da una idea del nivel de Udaondo, quien llevó a cabo una abundante y destacada actividad tanto en el Naranjo como en el resto de los Picos y en otras montañas.

Al año siguiente, junto a su compañero de cordada habitual, el también vasco Ángel Landa, realizaron la codiciada primera invernal al Urriello, un 8 de marzo por la vía *Régil*, llegando a la cumbre en unas impresionantes cuatro horas de escalada durante las que tuvieron que usar el piolet y los crampones e instalaron una docena de clavijas. Incluso en algunos momentos Landa se descalzó pues, según contaba, "los calcetines se agarran mejor en el verglás". Esta cordada dejó importantes primeras en Picos, como la *Canal del Pájaro Negro* a Torre Santa o la *Sur* de los Horcados Rojos. Udaondo falleció en 2007, con 72 años, por un mal resbalón en la aproximación a Peña Santa de Enol, su objetivo de escalada aquel día; y Landa nos dejó en junio de 2020, a los 85 años.

FOTOS: COL. PEDRO UDAONDO

71 años al pie del Picu

La idea de construir un refugio al pie del Urriellu partió de la Real Sociedad Española de Alpinismo Peñalara de Madrid, que consiguió la cesión del terreno por el Ayuntamiento de Cabrales en 1950. Con un diseño del arquitecto –y montañero– Julián Delgado Ubeda, se empezó su construcción en 1953. Fue una obra dura: se utilizó piedra de la Vega, pero otros materiales (cemento, vigas...) tuvieron que portearse a hombros desde Poncebos y otros puntos, salvando grandes desniveles. El capataz y responsable de las obras fue el peñalaro Teógenes Díaz. Se inauguró por fin el 5 de agosto de 1954, coincidiendo con el cincuentenario de la primera ascensión al Urriellu.

En 1964, Peñalara vendió el refugio a la Federación Española de Montaña y, ante el aumento de afluencia, se hizo patente la necesidad de una ampliación. La principal obra de acondicionamiento se realizó en 1979, cuando se adosó un nuevo edicicio que duplicó su capacidad, con 50 plazas.

El refugio pasó a ser propiedad del Gobierno del Principado de Asturias, al que sigue perteneciendo (con gestión de la FEMPA). Entre 1989 y 1990 se llevó a cabo una importante remodelación, que le dio el aspecto actual al edificio. Solo unos meses

después de finalizar estas obras, entró a trabajar como principal guarda Tomás Fernández, originario de Sotres quien, 35 años después, sigue en su puesto. Testigo directo de su evolución, Tomás asegura que «la escalada ha cambiado sistemáticamente, por generaciones, pero creo que de forma ordenada. Para mí lo más extraordinario ha sido la transformación de los rescates, para bien. Tenemos un servicio de rescate de bomberos y guardia civil que son magníficos profesionales; es garantía de seguridad».

Por aquí pasa todo el mundo, «desde propietarios de bancos, escaladores famosos –como Chris Bonington o el inolvidable Pedro Udaondo–, mucho aficionado al trail running, escaladores primerizos que llegan emocionados...Justo hace unos días nos visitó el ecuatoriano Iván Vallejo, excelente persona», cuenta Tomás que, a sus casi 68 años, no ve la urgencia de jubilarse.

Junto a Tomás, comparten las labores de guardia Sergio González Bada (que lleva 16 años en este puesto) e Íñigo Garmilla Echandía (14 años). Desde el año de la pandemia, el refugio ha vivido una transformación que los guardas coinciden en calificar como positiva. El principal cambio ha sido la reducción del número de plazas, que han pasado a ser 64 (frente a las 96 que había anteriormente). «Desde que hicimos la reducción de aforo podemos dar un mejor servicio», explica Sergio, «además, al haber menos plazas, la gente reserva con tiempo, lo que ayuda a tener una mejor planificación. En general, vienen todos más concienciados del lugar en el que están».

Habitualmente abren unos nueve meses al año, en función de la temporada (desde marzo-abril hasta noviembre-diciembre), y aseguran que la reducción de plazas también les ha permitido tener

ARCHIVO URRIELLU

Arriba, durante la inauguración (1954); a la izquierda, en la primera gran ampliación (1979); debajo, Tomás Fernández, guarda desde 1991. Y la imagen actual del refugio Urriellu.

un trabajo más uniforme a lo largo de los meses, no los "tsunamis" de verano como antes. Eso sí: hay que reservar con más antelación, advierten.

También han realizado mejoras en el exterior del refugio, optimizando la captación de los residuos de la fosa séptica. Igualmente, han conseguido mayor eficiencia en las instalaciones fotovoltaicas, con nuevas baterías que generan mayor voltaje. «Tanto las administraciones como nosotros estamos haciendo esfuerzos para que el refugio sea más sostenible», asegura Tomás. También reivindica el refugio como un espacio para dar servicio a los montañeros que vienen a escalar o a hacer actividad por la zona, no para los que simplemente toman el refugio como un fin en sí mismo. Lo que no ha cambiado mucho en los últimos años es la poca cobertura móvil que hay en la zona, lo que muchos ven como una ventaja, pues ayuda a mantener su esencia de alta montaña.

ISIDORO RODRÍGUEZ

FOTOS: DARÍO RODRÍGUEZ

Un salto en la historia

COL. URSI/ABAJO

Arriba, Ernesto Navarro y Alberto Rabadá (posando con un niño) en el mirador de Fuente Dé, cuando hicieron una parada en su apertura (18-19 de agosto) para reabastecerse de comida. Abajo, frente a la Oeste, antes de acometer su histórica "vía soñada" el 15 de agosto de 1962; y a la derecha, comenzando la emblemática travesía tras horas de pitonaje. Todas las fotos son originales de la cordada, que siempre llevaba una cámara entre su equipo de pared. Abajo, a la derecha, José Luis Arrabal (tras ser rescatado de su intento invernal a la vía en 1970, falleció poco después en el hospital).

Rabadá/Navarro, 1962 (Oeste).

En 1962 el Urriellu contaba con ocho rutas, que eran relativamente frecuentadas. Desde la ya relatada *Cepeda*, solo se había abierto otro itinerario: la *Teógenes*, a cargo de los madrileños Teógenes Díaz, Florencio Fuertes y Adolfo Herráez en 1958, que es en realidad una variante de la *Vía del paso horizontal* de la cara sur, enderezada en su parte superior, siendo la primera vez que se usó en el Urriellu la escalada artificial, con estribos. La imponente pared oeste no entraba dentro de lo posible, y solo algún soñador se atrevía a dibujar líneas en su imaginación. Así permaneció hasta que, un día de agosto de 1962, una sencilla nota escrita en el libro de piadas de la cumbre (el tercero ya), vino a romper todos los moldes con la humildad de los grandes:

21-8-62. Escalada realizada por la cara oeste con un tiempo formidable para lo que nos esperábamos de Picos. Algo de niebla durante la excursión por esta pared, la más hermosa y formidable que hasta la fecha hemos conocido. Somos dos excursionistas zaragozanos que nos sentimos orgullosos de poderla ofrecer desde estas líneas a todos los montañeros que alguna vez han soñado con la escalada de esta provocativa pared.
Firmado: cordada Navarro/Rabadá.

FOTOS: COL. FÉLIX MÉNDEZ

El 15 de agosto Alberto Rabadá y Ernesto Navarro se metieron cargados en la pared (que ya Alberto había estado estudiando el verano anterior), remontando los 40 metros de cuerda que les había dado tiempo a instalar la tarde anterior, recién llegados. Pasan dos días con sus dos incómodos vivacs superando los exigentes largos inferiores, que les obligan a tirar de todos sus recursos (que no eran pocos, la cordada ya había dejado su nombre en escaladas de referencia como en el Pilar del Cotatuero de Ordesa o en el Mallo Fire de Riglos). Al tercer día, cuando llegan a Tiros de la Torca, deciden descender momentáneamente por este escape a reabastecerse de comida y agua. Descienden a Áliva y regresan sin demora junto al material que habían dejado en la pared, entre el que no faltaba una cámara de fotos. Abrir el largo de la Gran Travesía le llevará a Alberto nueve horas, y para superar el relieve de la Guitarra precisa de una complicada maniobra con un rápel pendular, que una vez más muestra lo adelantado de su visión y su técnica. Con otro vivac al final de la travesía, llegan al día siguiente hasta lo que desde entonces se conoce como plaza Rocasolano, que nombraron en recuerdo de la plaza de las Delicias de su Zaragoza natal. Después de haber dejado atrás unas 180 clavijas, varios buriles (los primeros que se clavaban en el Picu) y unos cuantos tacos de madera, dan por concluida su empresa firmando en el libro de cumbre y, ya de noche, inician el descenso, cansados pero plenos de satisfacción.

Como es conocido, justo un año después de haber empezado su escalada en el Picu, el 15 de agosto de 1963, Rabadá y Navarro perdieron la vida en la cara norte del Eiger, con 30 y 29 años respectivamente, dejándonos huérfanos de una de las cordadas más brillantes de la escalada nacional. La fama de su nueva vía en el Picu fue instantánea y desde ese momento el reto de su repetición estaba servido.

Los primeros repetidores

En octubre de ese mismo 1962, dos de las cordadas pretendientes, una formada por Ángel A. Vallejo Rosen y Julio Villar, y la otra por Carlos García y el ya mencionado José María Régil, todos ellos vascos, deciden unir sus fuerzas para acometer la empresa. Carlos tiene que abandonar por indisposición en los primeros largos, pero los otros tres escaladores continúan, siguiendo asombrados el rastro de taquitos de madera que los maños habían dejado en la travesía. Tras esta, en vez de hacer el péndulo por debajo de la Guitarra, prosiguen por encima, una variante que se empleará desde entonces por los siguientes repetidores. Tras tres días de esforzada escalada, el 15 de octubre los vascos pasan a encabezar la larga lista de repetidores de esta histórica vía que, 58 años después, mantiene su magnetismo.

La tragedia del invierno del 69

El 29 de enero de 1969 los vascos Ramón Ortiz y Francisco Berrio, antes de salir del solitario refugio de Vega Urriello, escriben una nota anunciando sus intenciones: la deseada primera invernal de la pared oeste, aún más imponente sobresaliendo entre la nieve. Después de tres durísimos vivac en pared, el cuarto día de escalada, tras haber superado la travesía y las últimas dificultades de la *Rabadá/Navarro*, agotados pero ya prácticamente saboreando la cumbre, el primero de cuerda sufre una infortunada caída, arrancando en su vuelo no solo todos los seguros del largo, también los clavos de la reunión a los que estaba anclado el compañero. Lo más probable es que ambos fallecieran en ese momento, del gran impacto contra la pared en la caída, quedando cada uno suspendido en un cabo de la cuerda, que había quedado fatídicamente enganchada en un saliente de roca.

Al día siguiente los lugareños de Bulnes, inquietos al no tener noticias de los vascos, dan la voz de alarma, pero no es hasta dos días después cuando por fin un grupo de alpinistas consigue subir hasta la base, abriendo huella en la abundante nieve caída aquel invierno, y localizan con horror los cuerpos suspendidos en lo alto de la arista noroeste, que no responden a sus gritos. Se organizó entonces la operación de rescate de una pared de escalada más difícil de las llevadas a cabo en nuestro país, en la que participó lo más selecto del alpinismo del momento, desde la cordada de Udaondo-Landa a los vascos José María Régil y Ángel Vallejo, los madrileños César Pérez de Tudela o Carlos Soria y muchos más, todos ellos grandes expertos del Picu. Junto a la Federación Española de Montañismo (con Félix Méndez a la cabeza) y la Guardia Civil, consiguen en una coordinada operación llegar a la cima y desde ahí descender hasta el punto en el que se hallan colgados los escaladores. Pérez de Tudela, y poco después Udaondo, son los primeros que llegan a ellos y, tras los infructuosos intentos de izarlos, deciden cortar las cuerdas, resignándose a la

FOTOS: COLECCIÓN ÁNGEL ROSEN

Imagen histórica del helicóptero tras "arrancar" de la pared a Luis Arrabal durante el rescate de 1970 (primera vez que se realizó esta maniobra en un rescate de escalada en España), quien falleció una semana después en el hospital. Debajo, algunos de los escaladores que participaron en aquella operación (en la que se implicaron unos 20 alpinistas), en la cumbre del Naranjo: Juan Ignacio Lorente, Francisco Caro "Mogoteras" y Ángel Rosén.

caída de los cuerpos inertes hasta la base. Aquel suceso atrajo la atención de los medios generalistas y contribuyó a que la Oeste del Urriellu cobrara aún más popularidad.

Y de nuevo rescate al invierno siguiente

Pero las tragedias nunca han podido con el ciego afán de superación de los escaladores, y la primera invernal a la Oeste seguía vacante. Entre sus distintos pretendientes, uno de los más fogosos era el madrileño Gervasio Lastra, buen conocedor del Picu y en concreto de la *Rabadá/Navarro*, que ya había escalado con Francisco Caro 'Mogoteras' hacía dos años. Su compañero para el intento invernal en febrero de 1970 fue el también madrileño José Luis Arrabal, que igualmente había repetido la vía el verano anterior. Un gélido 10 de febrero inician la escalada, con un avance muy lento al encontrar

más hielo del esperado en las fisuras, llegando incluso a precisar de los crampones en la repisa Rocasolano. Ante la difícil retirada, y aunque están exhaustos, deciden continuar, pues están ya muy cerca de lograrlo, pero la aparición de un fuerte temporal de nieve y viento no les deja otra opción que detenerse y cobijarse como pueden en una pequeña repisa, ya muy cerca de la cumbre. A duras penas pasan lo que queda del día y la noche (ya la cuarta que pasan en la pared) y, cuando al mediodía siguiente por fin remite la tormenta, la imagen de la pared cubierta de blanco no es esperanzadora: la progresión es imposible, no les queda otra que esperar la ayuda de sus amigos Enrique Herreros y Francisco Rodríguez, que habían estado siguiendo su progresión desde la base.

Sin embargo, un fallo de comunicación por el fuerte viento (del grito de "¡a dos largos de la cumbre!" que les lanzaron desde arriba, solo les llegó la última palabra, creyéndoles por tanto con la cumbre en el bolsillo y ya a salvo en el descenso, cobijados en el Anfiteatro de la sur durante el temporal), y una errónea apreciación del helicóptero que sobrevoló la zona al día siguiente, hizo que la puesta en marcha del rescate no se realizara hasta unos días después, cuando los escaladores llevaban ya ocho jornadas (los últimos cinco sin comida) y siete noches en la pared oeste, al límite de sus fuerzas.

Con la experiencia aún fresca del rescate de la temporada anterior, de nuevo se organizó un complejo operativo en el que se involucraron muchos de aquellos alpinistas, los más expertos del país, pero en unas condiciones invernales tan duras que todavía tardaron otras cuatro noches en llegar a ellos, aunque antes consiguieron hacerles llegar una mochila con víveres. A José Luis Arrabal, el más perjudicado, le arrancan de la pared directamente en helicóptero en otra maniobra sin precedentes en España, trasladándole al hospital de Oviedo, donde lamentablemente falleció una semana después. Por su parte Gervasio Lastra desciende por los rápeles de la cara sur y es evacuado desde la base, siendo recibido en Cabrales por un nutrido grupo de amigos y también de periodistas que habían estado contando en directo los hechos tanto en prensa como en televisión.

El rescate tuvo la mayor cobertura hasta la fecha de un suceso de escalada, a lo que contribuyó la mediática figura de César Pérez de Tudela, gran comunicador además de alpinista. Incluso en febrero de 2020, los medios generalistas recordaban el 50 aniversario de aquel rescate con títulos como "Los doce días de angustia que vivió España". La noticia tuvo tal trascendencia que el entonces gobernador civil de Oviedo prohibió la escalada en todo el territorio asturiano, una medida transitoria que –por fortuna– no se mantuvo vigente mucho tiempo.

La mediática primera invernal

A pesar del aura trágica que envolvió la pared por los últimos acontecimientos, las cordadas fueron regresando poco a poco a todas las caras del Urrie-llu, también a la Oeste, donde se fueron sucediendo las repeticiones en verano de la *Rabadá/Navarro*. Entre ellas, se consigue la primera en el día, el 12 de agosto de 1971, por los madrileños Rafael Durán 'Loquillo' y José Ángel Lucas, ambos con solo 19 años; este último protagoniza también la primera en solitario a la vía el verano siguiente (en 20 horas de escalada, con un vivac).

La competición por la deseada primera invernal reunió en 1973 a tres cordadas con las mismas inten-ciones: por un lado los madrileños Antonio Ortega 'el Ardilla' y César Pérez de Tudela (Juan Manuel García 'el Torrijas' también estaba en la cordada, pero se reti-ró pronto por indisposición), que comenzaron la es-

calada el 6 de febrero, remontando unas cuerdas fijas que habían instalado los días previos, durante la es-pera de las buenas condiciones. Las otras cordadas "contrincantes" eran la del incombustible Gervasio Lastra con Fernando Martínez, y por otra parte la del mencionado José Ángel G.Gallego "el murciano", que iniciaba así su largo idilio con el Picu. Estas dos últimas entraron en la pa-red al día siguiente de los madrileños, y decidieron juntar esfuerzos, equipando más ligera de peso la pri-mera cordada, e izando las pesadas mochilas la se-gunda. Señalar también que toda la opinión pública del país estaba pendiente de esta escalada, con comu-nicación directa por radio entre los escaladores y los muchos periodistas que habían trasladado su oficina esos días a Arenas de Cabrales, e incluso alguno su-

A unos pasos de hacer realidad la primera invernal de la Oeste: foto hecha por M.A. Gallego, con José Ángel Lucas en primer plano. Debajo se ve la cordada de Pérez de Tudela y el Ardilla, y más abajo, a la izquierda, la repisa donde Lastra y Arrabal quedaron bloqueados por el temporal en 1970, y el resalte donde se enganchó la cuerda de Ortiz y Berrio en su intento de 1969.

Representantes de las tres cordadas aspirantes a la primera invernal de la Oeste en 1973 (de izquierda a derecha): César Pérez de Tudela, Miguel Ángel García Gallego y Gervasio Lastra. Debajo, José Ángel Lucas en la travesía de la *Rabadá/Navarro* durante aquella primera invernal a la pared; y a su derecha, Esteban Vicente, autor de la primera escalada en solitario y en invierno a la Oeste, en febrero de 1976.

bió al refugio, sobrevolado también por un helicóptero y dos avionetas. El espectáculo estaba servido.

Sin embargo, al contrario de la competitividad que pretendían vender los medios, el ambiente en la pared era colaborativo. La cordada de los madrileños, que iba en cabeza, atendió a la petición de la siguiente cordada (la de Lucas y el murciano) de echarles una cuerda para que no tuvieran que llegar hasta Tiros de la Torca y a la vez asegurando así una posible vía de retirada para todos si fuera necesario. En el vivac de aquella noche se juntan las dos primeras cordadas, y allí reciben por radio la previsión del tiempo: tormenta con nieve dentro de dos días. La cordada de Gervasio, que estaba bastante más abajo, opta en ese momento por retirarse. Las dos restantes unen entonces sus fuerzas, avanzando lo más rápido que pueden (llegando a tirar la pesada mochila desde Rocasolano para subir más ligeros, confiados en que ya no necesitarían el material de vivac). Al final de las dificultades se separan de nuevo en dos cordadas, pues el viento ya ha comenzado a arreciar y la comunicación es difícil, siendo el murciano y Lucas quienes primero llegan junto a la Virgen de las Nieves, seguidos por César y Antonio poco después. Con alegría contenida en la solitaria cumbre, inician los cuatro los rápeles y llegan al refugio esa misma noche, donde les esperan los abrazos y los flashes. Hasta coronas de laureles les pusieron a los "vencedores". Nunca un evento de escalada que no acababa en tragedia logró tanta popularidad y alcance más allá del círculo alpinístico.

Tras el cierre de este capítulo el día 8 de febrero de 1973, algunos pensaron que ya todos los retos del Picu estaban realizados (escalado ya por todas sus caras tanto en verano como en invierno) pero, como seguiremos viendo, estaban más que equivocados...

La segunda y tercera invernal a la vía, realizadas el invierno siguiente por los marileños Octavio Galante y Mario Briceño y por los asturianos Álvaro Zarzo y Constantino Álvarez, con solo dos días de difrencia, no trascendieron más allá del ámbito montañero; las aguas habían vuelto a su cauce. Más controvertida fue la primera solitaria invernal a esta vía a cargo del talentoso escalador (y piragüista) salmantino Esteban Vicente, una actividad que realizó en solo dos días, 24 y 25 de febrero de 1976, con los mínimos medios y que, para acallar las voces que se alzaron incrédulas, repitió al invierno siguiente.

La década de los murcianos

Directísima, Murciana 78, Mediterráneo, Almirante, Revelación, Sueños de invierno...
1973-1983 (Oeste)

Los escaladores murcianos, bajo el liderazgo de Miguel Ángel García Gallego, con sus hermanos como compañeros habituales de cordada (José Luis, Juan Carlos y Javier) y otros destacados escaladores de la misma región, dejarán un imborrable legado en el Urriellu. En febrero de 1974 inician su sueño de trazar la segunda vía en la Oeste, en invierno y de la forma más directa posible; una *Directísima* que concluyen finalmente el 16 de abril, con una tenacidad inquebrantable y dejando en la pared medio centenar de buriles, el grupo compuesto por Miguel Ángel García Gallego, Juan Carrillo, Carlos del Campo y Mariano Ruiz Cantabella, más un importante equipo de apoyo.

Fue la primera de sus imponentes vías en la Oeste, a la que siguieron la *Murciana* en nueve días de escalada en agosto de 1978 (por los hermanos José Luis y Juan Carlos García Gallego con Alfonso Cerdán y Juan Carlos Ferrer, que sigue siendo hoy una vía muy repetida), la *Mediterráneo* en 1980 (por Miguel Ángel, José Luis y Juan Carlos con Ángel Ortiz Martínez, en once días de escalada) o la *Revelación* en julio de 1981 (por los cuatro hermanos Gallego al completo). Viven su momento más mediático con la creación de *Sueños de invierno* en 1983, con la que buscan batir el récord de permanencia en pared, que entonces estaba en 28 días, y que José Luis García Gallego y Miguel Ángel Díez Vives suben a nada menos que a 69 días; desde el 1 de marzo y al 8 de mayo, con mal tiempo y temperaturas bajo cero la mayoría de aquellas jornadas en las que el Urriellu volvió a estar en el punto de mira de todo el país.

También la *Leiva* (de 1979) tiene firma murciana, esta vez a cargo de Miguel Ángel Díez y Félix

COL. HERMANOS GARCÍA GALLEGO

Gómez de León, con la que se recorre por primera vez la parte derecha de la Oeste. Y completan "las murcianas" de esta pared dos nuevas vías, ambas por los hermanos José Luis y Juan Carlos: en 1982 la *Almirante*, que bautizan en honor a un tío suyo, fundador del Club Montañero de Murcia; y en 1983 la *Excalibur*, dejando así su particular sello que llevaron también a las grandes paredes del mundo, con sus destacadas y habitualmente directas aperturas en laborioso artificial. Se podría incluir en el listado el *Pilar del Cantábrico*, a cargo del también murciano Antonio Gómez Bohórquez "Sevi", en el que profundizaremos más adelante.

José Luis G. Gallego uno de los 69 días que pasó en la hamaca durante la apertura de *Sueños de invierno* (1983). A la izquierda, los cuatro hermanos murcianos (de izda. a dcha.: Miguel Ángel, Juan Carlos, José Luis y Javier), de camino a una de sus incursiones al Urriellu.

«El Naranjo era un doctorado obligatorio antes de cualquier proyecto futuro»

"El murciano" saca un hueco de su ajetreada vida, al frente de un exitoso centro de buceo (su otra gran pasión, que siempre ha combinado con la escalada) en Cabo de Palos, para charlar con nosotros sobre aquella irrepetible década en la que el Picu fue el centro de su universo.

¿Os esperabais la repercusión mediática que tuvo vuestra *Directísima*? ¿Qué recuerdo que guardas de aquella primera vía murciana en el Urriellu?

La *Directísima* heredó el interés público que comenzó con las grandes tragedias y rescates de Ortíz y Berrio y Lastra y Arrabal, y por supuesto con una intensidad desconocida, con la primera invernal de la *Rabadá/Navarro* en febrero de 1973, el mayor reto alpinístico de la época en nuestro país, ascensión en la que participé con Jose Ángel Lucas, tras un duro intento juntos el invierno anterior en el que nos dieron por muertos durante tres días, después de un reconocimiento aéreo de la pared. Respecto a la *Directísima*, en esa época, en todas las paredes de Europa al recorrido más clásico y lógico se sucedía la línea más central y directa. Nadie podía imaginar la saturación posterior de itinerarios. Además las dos cordadas murcianas de la pared (Carrillo-Gallego y DelCampo-Cantabella) estábamos en tiempo de mili, alguno con permisos especiales del ejército, y abordamos la apertura en un duro invierno como

FOTOS: COL. HERMANOS G. GALLEGO

un test y experiencia para futuros proyectos. La vía garantiza la experiencia de superar la losa central de la pared más bella y simbólica de nuestro país. Si leemos el relato de la segunda ascensión años después, o los más recientes comentarios elogiosos de Lynn Hill (la famosa escaladora norteamericana repitió esta vía con Pep Masip), comprobaremos que superar la *Directa* no deja a nadie indiferente.

Aquella ruta marcó el comienzo de toda una época de "asedio murciano", con hasta 8 vías nuevas en la Oeste, casi una por año. ¿Cuáles dirías que son los elementos que tienen en común estas vías?

El elemento común a todas las rutas de esa década murciana fue sin duda que en mi región la generación posterior a la mía, entre ellos mis hermanos y otros futuros compañeros de montaña y expedición como Clavel, Seiquer, Félix, Matas… vivieron, siendo adolescentes, junto a toda mi ciudad, la mítica del Naranjo, convirtiéndolo en una especie de doctorado obligatorio antes de cualquier objetivo o proyecto futuro.

¿Cuál te parece la más digna de elogio?

Todas las rutas aportan algo, pero destacaría tres: tal como la abrimos nosotros, la *Revelación*, la primera vía en la cara oeste sin utilizar ningún pitón de expansión (todos añadidos en las escasas y posteriores repeticiones), por la diversidad de su trazado, 85% en libre y el 15% de técnico artificial durante su apertura. Como un claro ejemplo en Murcia del papel del Naranjo como lanzadera técnica, el mismo equipo familiar de los cuatro hermanos en la *Revelación* abríamos meses después *Mediterráneo*, la primera vía "no americana" al Capitán, en el centro geométrico de la pared. Los recientes autores de su primera repetición integral finalizan su reseña técnica como:

VICENTE GARCÍA

JAVIER GARCÍA GALLEGO

M. Ángel iniciando el muro rojo de la *Revelación* (que abrieron sin expansiones, 1981). Pág. izda., arriba, en la *Mediterráneo* con el gato Fire (desarrollado por los murcianos, que utilizaron por primera vez para abrir su *Mediterráneo* al Mallo Fire de Riglos, y luego sería su arma secreta en El Capitán). Debajo, José Luis abriendo la *Murciana* (en 1978), y parte del equipo murciano que contribuyó a la apertura de la *Directísima* (1974); en la fila de arriba: el segundo es Cantabella (con gorro) y a su derecha Delcampo, que rodea con sus brazos a Carrillo y a Elbal (de rojo); abajo, Miguel Ángel, sentado "Sevi" y en el extremo derecho Garijo (los dos restantes de las esquinas superiores son desconocidos).

Tengo la suerte de conocer personalmente a Alex Huber. Para mí desde hace años es el número uno mundial y el sucesor del espíritu de Güllich, al quien él considera una constante fuente de inspiración, y también conozco sus increíbles logros, desde su revolucionarias liberaciones en El Capitán que marcan una época hasta los Latok en Himalaya, todo ello unido a su carisma, inteligencia y talante personal. Me alegra y enorgullece que haya aportado el gran logro que supone la increíble superación en libre del gran desplome que caracteriza a *Sueños de Invierno*, potenciando y difundiendo aún más la imagen del Naranjo a nivel mundial.

¿Cuándo has escalado el Picu por última vez?
La última vez que estuve fue una salida relámpago, pues solo disponíamos de un día efectivo, tanto para la actividad como respecto a su previsión meteorológica. Subimos José Luis Clavel, uno de los mejores alpinistas murcianos, David, Miguel Ángel (mis dos hijos) y yo, e hicimos la célebre *Pidal/Cainejo*. Alucinamos literalmente con los claros y aislados pasos de Vº grado clásico que esos pioneros afrontaron ¡y destreparon! con un trozo de cuerda, el Cainejo descalzo y ambos sin ningún elemento efectivo de protección. Es la vía más obligada para entender el valor de estos hombres y el inicio de la escalada en España.

Con vías abiertas prácticamente en cada metro del Picu, ¿cómo crees que pueden los escaladores de ahora vivir las sensaciones que tuvisteis vosotros, los pioneros?
Cada persona y cada escalador es un mundo y gestiona según sus circunstancias vitales sus propios objetivos, sueños y límites. En mi opinión, la clave es ser realista, estableciendo un equilibrio entre audacia y prudencia, y como prioridad permanente regresar siempre a casa. Para mí las aperturas, encadenamientos, velocidad o extrema dificultad, producen a nivel íntimo las mismas sensaciones que para aquellos que con menos dedicación, entrenamiento o experiencia necesitan igualmente emplearse a fondo para repetir esas dos rutas, justamente históricas: por la Norte la *Pidal/Cainejo* y por la Oeste la *Rabadá/Navarro*, que conducen a la cumbre de esa Montaña de Leyenda que es el Picu Urriellu o Naranjo de Bulnes.

"Doce días de Gran Aventura en pared". Y por supuesto, regresando al Picu, *Sueños de Invierno*, por su notable dificultad técnica y el gran despliegue de resistencia física y mental que exigió su dura apertura invernal. Y por último también la segunda vía abierta en época invernal, casi diez años antes, la *Directísima*, en una época en la que no existían empotradores, friend, copper, ganchos, pitones de cuchillo ¡o taladros eléctricos! Afortunadamente teníamos los taquitos de madera para acuñar pitones, tan utilizados por el legendario Rabadá.

Si pudieras volver atrás, ¿hay algo de aquellas aperturas que harías de forma diferente?
Al contrario, continúo valorando y agradeciendo la suerte generacional en el tiempo para los escaladores de mi región en Murcia, de disponer durante una década completa para poder aprender y disfrutar con la apertura de nuevas rutas sobre la gran pared de la Península Ibérica.

¿Qué significaba para vosotros el Naranjo y qué recuerdos tienes de aquel ambiente?
La constante actividad murciana estimuló sin duda la presencia en Vega Urriello de algunos de los más

sólidos escaladores (hombres y mujeres) del país: Pep Masip, Tito, Gálvez y, un poco más tarde, Sílvia Vidal, Ruíz, Portilla, Lazkano, Suárez, Josune o los hermanos Pou... Todos ellos han completado con difíciles nuevos trazados, o depurando y liberando los espacios restantes de esta gran pared. El ambiente en el refugio fue siempre magnífico. La construcción fue ampliándose y evolucionando. El pequeño y original habitáculo que conocí a finales de los años 60 y principios de los 70 tenía sin duda un encanto especial. En invierno era una tabla de salvación en medio del mar. La cómoda construcción actual se entiende dado el poder de atracción de esta montaña, no solamente para el colectivo de montaña. Como anécdota, recuerdo que un invierno llegamos empapados y cansados al refugio, y nos encontramos que un irresponsable despistado había dejado sin cerrar bien, quizás al final del otoño, la puerta. Pasamos dos días completos a golpe de piolet, cazos y palas, limpiando y rascando las paredes de los dos pisos, terminando literalmente deslomados.

¿Qué sentiste ante la liberación de *Sueños de invierno* por Alex Huber y Fabian Buhl en 2016?

En los extremos, dos imágenes del murciano Antonio Gómez Bohórquez "Sevi" durante la apertura del *Pilar del Cantábrico*, que empezó en 1978, continuó los años siguientes con varios compañeros y culminó con Jesús Gálvez en el verano de 1981.

Las líneas de los

Pilar del Cantábrico 1978-81, Oeste

+ Amistad con el diablo, Esto no es Hawai, Espejismos, Sagitario y más...

En 1978, mientras los hermanos Gallego trazaban su *Murciana*, muy cerca sus paisanos Antonio Gómez Bohórquez "Sevi" y Onofre García, trataban de hacer realidad otra línea directa, la primera que atacó de frente el "inescalable" desplome de la Bermella. Aquel año pudieron abrir solo un par de largos pero, insistente, Sevi regresa las dos temporadas siguientes, 1979 y 1980, con el leonés Nando Marné, y consigue superar otros cinco laboriosos largos. Para el verano de 1981 no encuentra compañero pero aún así decide intentarlo solo, y es en uno de los descansos en el refugio cuando, charlando con Jesús Gálvez, este acepta su propuesta de acompañarle, aportando así su toque mágico. Pisan la cima el 3 de agosto, dando por inaugurada esa gran proa orientada hacia el mar Cantábrico.

En los ochenta, la revolución del libre que llega de Yosemite y Francia se está extendiendo ya por todas las zonas de escalada de nuestra geografía, y el Urriellu no es ajeno. Es el asturiano José Manuel Suárez "Pingüi" quien se adjudica la primera en libre de la *Rabadá/Navarro*, aunque su escalada no tuvo tanta notoriedad como la repetición realizada en el verano de 1982 por los madrileños Francisco Javier Orive "Chochín" y Félix de Pablo, que fue grabada para el incipiente programa de televisión *Al filo de lo Imposible*. En 1985 Koldo Bayona escala el último tramo que quedaba por escalar en libre de esta vía (aunque fuera destrepando): el rápel de la travesía, que cota de 6c+.

Muchas de las rutas que se abren en esos años son ya concebidas con la mentalidad de la escalada libre,

ochenta evolucionan y siguen vivas

como *Esto no es Hawai, ¡qué guay!* que surca el hombro del espolón noroeste; sus autores, Albert Merino y Joaquín Olmo, se descolgaron desde arriba para equiparla en agosto de 1983, y solo dos meses después, Nacho Orviz y Manuel González la encadenaron desde abajo en libre. Este mismo Manuel, con Manolo Álvarez, traza *Espejismos de verano* por la cara este en 1983, aprovechando las reuniones para los rápeles; y con el jienense José Manuel de la Fuente, además de muchas repeticiones y combinaciones realmente rápidas, deja otra nueva línea por la Oeste: *Marejada Fuerza 6*, en 1985. Aquel verano Tito y Andrés Villar abren la *Sagitario*, que se equipa ya con la mentalidad del libre y se hace muy popular en los años siguientes (y sigue siéndolo).

Otra vía que marca el inicio de los ochenta, y es hoy una de las más recorridas y respetadas, es *Amistad con el diablo*, por la cara este, de la que el gijonés Alfredo Íñiguez escribió: «La gente no daba un duro porque pudiéramos pasar en libre, la verdad que desde abajo ni nosotros mismos lo teníamos nada claro, fue un ejercicio de concentración y de resistencia, parándonos en los pasos y taladrando en equilibrio, sin otros medios artificiales». La abrió junto al activo madrileño Christian Marín, responsable también de *Capricho de Venus* con Miguel Ángel Mora en el mismo 1980, así como dos años después de *El vuelo del dragón*, con Francisco Sampedro.

Por esas fechas, miembros del GREIM instalan una línea de rápeles directa en la cara oeste, que se une a las ya existentes por las caras sur y este, y la popularidad del Picu se extiende más allá de nuestras fronteras, sucediéndose la visita de escaladores extranjeros (en 1988 los ingleses Nick Dixan y Andy Pop consiguen la escalada enteramente en libre de la *Murciana*, con un grado de 7c+).

FOTOS: JESÚS GÁLVEZ

Volviendo al *Pilar del Cantábrico*, tarda poco en ser repetida dado lo atractivo y sobresaliente de su línea. Ya en 1984 se contabiliza la quinta ascensión, la más rápida hasta del momento, por la potente cordada de Joaquín Olmo y Albert Merino (ellos mismos fueron los primeros repetidores tanto de *Sueños de invierno* con Tito como de la *Revelación* con otros compañeros, encontrando en ambos casos la pared tan escasa de huellas que manifestaron que había sido como abrir un nuevo itinerario). En 1985 el burgalés Fernando Ruiz, especialista en la escalada en solitario, se lleva la primera ascensión en este es-

A la izquierda, dos cordadas modernas repitiendo dos de las buenas líneas abiertas en 1980 en la cara este: *Amistad con el diablo* (por Alfredo Íñiguez y Christian Marín) y *Capricho de Venus* (por Christian Marín y Miguel Ángel Mora).

DAVID MUNILLA

VÍCTOR SÁNCHEZ

Arriba, el granadino Paco Sánchez durante la liberación del *Pilar del Cantábrico* (8a+) en 1993; en la página derecha, Dani Andrada en la primera repetición en libre de esta vía (1995). A la derecha, en una reciente repetición de la *Sabadell* (a cargo de Omar, Víctor Sánchez y Jorge Valle), que escalaron en libre (7b+), otra de las grandes vías de 1980 en la Oeste, abierta por Manuel Balet y Juan Wenceslao.

tilo del *Pilar del Cantábrico* (con una precaria hamaca de red), y dos años después los vascos Aitor Fernández y Juan Antonio Olarra firman la primera invernal. Por cierto que ellos mismos, junto a Antxón Alonso, abren en 1989 la *Zunbeltz*, –otra de las grandes vías de artificial de la Oeste que será más adelante liberada– trazando unos 300 metros de difícil escalada artificial que se unen después al *Pilar*.

Sigue la evolución en los noventa

Para el primer intento serio en libre del *Pilar del Cantábrico* hemos de cambiar de década, exactamente al verano de 1992, a cargo del fuerte pero relativamente desconocido granadino Paco Fernández, bien curtido de las placas calcáreas de Cahorros y El Chorro. En el primer verano que se enfrentó a este sueño, después de haber escalado la *Murciana* (segunda ascensión en libre), se encordó con un compañero que apenas conocía, José Antonio Piñero "Chumu", resolviendo toda la vía en libre excepto un paso, tal y como relató aquel año en la revista *Desnivel*: «Después de encadenar el primer largo (7b+) apareció la mayor dificultad técnica de la vía: una durísima placa muy desplomada con escasos agarres en la que hubiera sido necesario picar un canto para evitar un Ao, a pesar de lo cual, incluso utilizando este punto de apoyo artificial, la dificultad del tramo en cuestión resultó ser 8a. No quise picar el canto para no alterar el estado en el que sus aperturistas habían dejado la vía». Se enfrentó luego a expuestas tiradas con caídas potenciales de 20 metros con seguros muy precarios, completando una escalada que puso a prueba sus nervios y que cosechó alabanzas pero también incredulidad.

Es David Munilla, su fotógrafo y asegurador al año siguiente, quien nos relata la historia: «La gente se sintió engañada cuando Paco dijo que había escalado en libre la vía, pero es que por entonces las reglas del libre no estaban tan definidas. Así que al año siguiente volvió, con otros dos amigos que le acompañamos. Cuando subimos a explorar la vía, vimos que había muchas flores de clavos taponando las fisuras, y quitamos algunos de forma que dejaran al descubierto esos agujeros en los que poder agarrarse, porque sin eso prácticamente no había nada. Creo que por eso hubo gente que dijo que Paco había picado cantos en la vía, pero al menos yo no vi que lo hiciera, de hecho íbamos sin espitador. Solo nos prestaron un taladro un día para meter un parabolt en una de las reuniones en las que se me había salido un espit al jumarear, que fue uno de los sustos más grandes de mi vida.

Luego Paco estuvo trabajando la vía en libre, empleando cinco días en resolver el largo de 8a+. El día del encadenamiento completo le aseguré yo. Fue una escalada con mucho ambiente y compromiso. Para mí el valor de la actividad fue sobre todo su ataque del año anterior, aunque no hubiera resuelto todos los pasos, pero ya solo enfrentarse a esa mole con la intención de escalarla en libre creo que demostró una mentalidad muy adelantada en aquel momento». Solo dos años después de aquella gran escalada, Paco Fernández falleció en un accidente de rápel mientras exploraba barrancos en India.

La segunda en libre la hizo Dani Andrada en el verano de 1995 (aunque, siendo puristas, no llegó a encadenarla entera, pues como él mismo contó, se le rompió un canto en un largo de 7b y se cayó, pero le dio pereza bajar y volver a hacerlo, así que siguió sin darle más importancia; genuino Andrada). La opinión de Dani fue que sí había encontrado agujeros tallados en la vía, y que sin ellos saldría 8b+, algo que Iker Pou confirmó tras hacer la tercera ascensión en libre en 1997. Muy sonada fue la primera femenina en libre, por Josune Bereziartu en cordada con Iker Pou, en julio de 2002. Se sucedieron luego las ascensiones en libre (por Marcos García y José Yáñez, el asturiano Pablo Ochoa....). En el verano de 2012, el aragonés Dani Moreno hizo la primera en el día resolviendo todos los largos a la primera (alternándose en cabeza de cuerda con Álvaro Lafuente). Recientemente (2025) el *Pilar del Cantábrico* ha sido restaurada y mantiene su esencia como codiciada pieza para los amantes de la escalada libre de alta dificultad en pared.

DARÍO RODRÍGUEZ

Los dos inolvidables veranos de Gálvez

La trayectoria del madrileño Jesús Gálvez no está especialmente ligada al Naranjo. Él mismo confiesa que hay otras paredes (como las de Ordesa o Riglos) que le atrajeron y marcaron más. Pero, visionario y escalador genial, le sacó el máximo partido a los dos veranos (más una breve incursión anterior) que pasó en Vega Urriellu en los primeros años de aquellos fértiles ochenta, dejando su recnocible sello. Además de todas las repeticiones que hizo, en el verano de 1980 abrió *Rebecos* con Josep Vidal Ponce en la cara suroeste y *Why* con Toni Saelices en la este, y al año siguiente añadió *Pájaro loco* en la este (con Ricardo Estrada) y *Niebla Nocturna* en la suroeste (con Antonio Gómez Bohórquez "Sevi"). Todas las abrió en su estilo, desde abajo y apurando en libre el máximo posible.

También ayudó a Sevi a rematar su magnífico *Pilar del Cantábrico* y empezó cinco largos de una línea a la izquierda de la lastra (por donde luego los murcianos surcaron su *Revelación*). Alejado de la alta dificultad –aunque no de la escalada– hace años, Gálvez sigue defendiendo la aventura como fin elevado de la escalada y no puede evitar que la nostalgia de aquella época se cuele en sus respuestas.

¿Qué recuerdas de tu primera vez en el Picu?

La primera vez que fui debía tener unos 18 años, quería hacer la Oeste, que era la mítica, pero no pudimos porque algo ocurrió, no me acuerdo qué. Por entonces se hacía en dos días, había que caminar como 5 horas desde Fuente Dé..., así que hicimos la Sur, y me gustó mucho, aunque me pareció un sitio raro. Cuando volví, ya con más experiencia, ya existía el pie de gato, la Oeste ya se hacía en el día, había más vías... Yo iba para una semana pero, aguantando con los restos de comida que la gente iba dejando, me quedé un mes allí arriba, tanto ese verano como al siguiente.

En esos momentos todavía había espacio para nuevas vías...

Todavía era un sitio bastante virgen que se podían hacer muchas cosas, aunque la mejor para mí ya estaba hecha, que es la *Rabadá/ Navarro*. Yo ya sabía que no iba a tener la satisfacción que tuvieron ellos, con toda la pared virgen. Les envidiaba y admiraba por la imagen que habían dado, poniéndose a un nivel de quitarse el sombrero. Luego más tarde, cuando empezó la deportiva, lo que me parecía es que era una caricatura de la escalada seria, de la de verdad. Creo que si yo empezara ahora y tuviera que hacer solo escalada deportiva, no sería escalador, bueno igual sí porque esto me gusta más que un caramelo, pero no creo que hubiera llegado a dedicarle tanta energía y tiempo si hubiera llegado a un sitio que está ya machacado de vías. Me habría faltado la espiritualidad de la escalada. A mí lo que de verdad me llena no es la dificultad técnica, sino el combate a muerte, al menos me tiene que parecer que lo tiene, es donde está para mí la satisfacción plena, cuando voy al límite de mis posibilidades mentales. Cuando algo me da miedo, me obligo y lo hago, aunque luego no sea para tanto, es cuando lo disfruto.

De izda. a dcha.: Pep Masip, Carlos G. Gallego, Jesús Gálvez y José Luis G. Gallego de pie, y sentados Richard, Carlos G. Gallego y Josep Boixadós. En los extremos, dos imágenes de Gálvez durante la apertura del *Pilar del Cantábrico* (verano 1981).

¿Cómo escogiste las líneas de tus aperturas?

Tampoco fui al Naranjo con la intención de abrir vías, hicimos primero las clásicas y luego ya empezamos a abrir alguna. No recuerdo si abrí primero la de *Why* o *Los rebecos*, tampoco tengo un recuerdo muy especial. Sí que me acuerdo más del ambiente de *Niebla nocturna*, que la abrimos de noche, pero las dos primeras, al llevar allí tanto tiempo, estaba ya muy hecho al lugar. Como anécdota, contar que la *Why* en realidad nosotros no la llamamos así, era el Espolón Sudeste, pero en el croquis mi compañero puso why (queriendo poner ¡guay!), antes en los croquis se ponían cosas así, tipo ¡cojonuda! A mí no me gusta poner nombres ingleses a las vías, pero así lo escribió y, como iba en grande, la gente se fijó en eso, pensando que era el nombre, y así se quedó.

Al verano siguiente hiciste el *Pilar del Cantábrico*, que ya te exigió más, ¿no?

Sí que me impresionó pero, más que por la vía en sí, que también, fue por todo el tema de cuerdas fijas y subir y bajar de la pared, que yo no lo había hecho nunca. Esa vía en realidad era de Sevi, la estaba abriendo él, y como estaba buscando a gente, me preguntó si me animaba y me apunté a ayudarle. Yo en esos momentos me había quedado sin proyecto, pues el verano anterior había empezado a abrir una vía por la Lastra, con el hermano de Tito abrimos unos cinco largos pero tuvimos que bajarnos por mal tiempo, y cuando volví el verano siguiente ya me la habían quitado los murcianos... Así que cuando Sevi me propuso

acompañarle allí fui; él ya había hecho todo el desplome de abajo, faltaba la zona gris de arriba. Yo me adapté a su idea y estilo, no le iba a contradecir, todo me parecía bien. En esa época se hacía en libre como hasta 6a o así, pero no mucho más, por lo general salíamos en artificial, era otra mentalidad. Estuve unos 7 u 8 días trabajando en la vía, subiendo y bajando al refugio como una especie de araña, para mí fue algo novedoso y me gustó, aunque la verdad es que a partir de ahí ya no abrí más vías en ese estilo, era muy trabajoso... Solo en Montrebei llegué a poner cuerdas fijas, pero ya vi que no era una buena idea, se tiran piedras, es más lento... para mí lo suyo es subir del tirón desde abajo, es más bonito. Con Sevi tuve buena relación; él tenía otra manera de plantearse las escaladas, pero nos llevábamos bien.

¿Ya entonces pensabas que saldría en libre?

En ese momento no nos planteábamos ni de lejos probarlo en libre, el tema era subir. Claro que yo vi que por ahí se podría subir en libre, sobre todo por la zona de las placas grises había agarres que tenían buena pinta, lo veía muy cósmico pero posible, pero lo que nunca se me ocurrió es que por el desplome también acabarían escalando en libre ni la repercusión que tendría la vía después.

Luego en los noventa seguiste escalando activo pero no volviste más al Naranjo...

Bueno, cuando fui a Ordesa estaba todo por hacer, y en el Naranjo ya por entonces no había tantas posibilidades. Lo que han hecho es meter vías con el calzador, y eso a mí no me llama la atención. A mí me gusta buscar una línea lógica que vaya por un sitio con carácter, pero ya cuando lo metes por meter, cogiendo largos de otras vías solo para dejar ahí tu nombre... Para eso prefiero no tener ninguna vía en esa pared y no estropear las que haya.

¿Y últimamente has escalado en el Picu?

He ido alguna vez, pero más de caminata y así. Claro que me sigue gustando, pero creo que no todo lo que viene con la evolución es bueno, hay cosas que ganas y otras que pierdes. Por ejemplo antes íbamos con el martillo y los tacos, y en ese aspecto hemos mejorado, pero hay otras cosas que no veo que hayan ido a mejor. Y no hablo solo de la escalada en sí, por ejemplo viajar todos juntos en autobús es una de las cosas que creo que se ha perdido. Antes íbamos toda la panda que escalábamos de Madrid, nos juntábamos unos treinta en el mismo autobús, de cachondeo... Ahora va cada uno en su coche y claro que es más cómodo, más rápido... pero aquel ambiente se ha perdido. Yo tengo unos recuerdos de viajes buenísimos, que te salía la risa del corazón, y eso formaba parte de la escalada.

Tito Claudio, «el Marqués de Urriellu»

De **Cainejo**, 1980 (Este) a **Principado de Asturias**, 1990 (Oeste)

En los años setenta, además de las vías de los murcianos, solo se dibujaron otras cuatro líneas en el Urriello: en agosto de 1974 coinciden dos aperturas en la pared este: Tomás Martínez y Juan Luis Somoano trazan la que lleva su apellido, y Hernán Llanos y Alfredo Díaz firman la *Nani* (apodo del primero); al verano siguiente también Gonzalo S. Pomeda y Pedro G. de Diego dejan sus apellidos en la cara norte. Esta escasa actividad contrasta con la explosión de aperturas que se produjo en los años ochenta, con hasta 8 vías nuevas en el verano de 1980, a las que se van sumando otras cinco o seis por año en aquella década, la más fértil que ha vivido nunca el Picu.

Entre aperturas y repeticiones se vive un fanatismo sin precedentes en el que entran en juego grandes escaladores como, entre otros, Joaquín Olmo, Juan Wenceslao, Toni Picazo, Albert Merino, Miguel Ángel Mora, Fito Santamaría, Javier Martín, Toni Saelices, Josep Vidal Ponce, Manuel Balet, Christian Marín, Alfredo Íñiguez y otros en los que nos detendremos más adelante.

Entre todos ellos destaca la figura de Claudio Sánchez "Tito", guarda del refugio del Urriellu entre los años 1979 y 1989 y excepcional escalador. Además del duro trabajo que implicaba ser guarda en esos años (con brutales porteos), donde aviva el ambiente con su carismática personalidad, también tiene tiempo para realizar muchas de las más difíciles escaladas al Urriello, con una mentalidad inno-

FOTOS: COL. CLAUDIO SÁNCHEZ "TITO"

vadora y en horarios muy rápidos. Participó en cinco relevantes aperturas de esa década: la *Cainejo* por la cara este en julio de 1980 junto a Alfredo Fernández, la *Treparriscos* en la norte en 1985 con Andrés Villar e Higinio Giraldo, y tres en la cara oeste, la *Ópera Vertical* con Nacho Orviz en 1983, *Tiempos Modernos* con Guti Gutiérrez en 1985, y la que fue su gran obra: *Principado de Asturias*, con dificultades de hasta A4, que finalizó en 1990 con Luis y Fernando Santamaría 'Fito' (otros dos grandes escaladores del momento).

«La defensa del patrimonio debería estar por encima del grado»

Hablamos con Tito, que nos cuenta sus recuerdos de la época y en concreto de esa gran línea que sigue siendo *Principado de Asturias*: «Yo ya había escalado todas las vías que había y sabía que ahí quedaba un hueco. El muro es espectacular; si no espabilábamos, los murcianos nos dejaban sin sitio. Tardé en total cinco años en acabar la vía. Al principio la empecé a abrir con mi hermano Gaspar, luego me vino a ayudar mi amigo Antonio García Picazo, pero nos hizo muy mal tiempo y nos tuvimos que bajar. En aquellos años era una expedición tipo Patagonia, subíamos con los mulos con muchos kilos, no teníamos hamacas de pared, con lo que teníamos que dejar las cuerdas y bajar al refugio a dormir para luego

volver a remontarlas cada día. Por fin la pude acabar con Fito Santamaría y Luismi, un minero de Asturias que ha fallecido hace poco».

Tito sabe de lo que habla cuando menciona Patagonia, suya fue la primera nacional al Cerro Torre, junto a Fernando Cobo, en diciembre de 1985. «Subimos con un croquis que Marco Pedrini nos hizo en una servilleta», recuerda de aquella espectacular actividad (13ª absoluta y de las más rápidas, en solo 10 horas). Para prepararse para el Torre la temporada anterior subió 50 veces la Oeste del Urriellu.

Su visión de la evolución de la escalada en el Picu es crítica: «El patrimonio natural debería estar por encima del grado, es el futuro de los jóvenes. Se trata de forzar lo que ya hay, nada de usar el taladro. La gente se está volviendo loca llenándolo todo de parabolts. Yo pude haber abierto más vías, pero siempre quise hacer solo líneas bonitas, respetar el equilibro. En el Picu se han hecho barbaridades, vías que solo

son retales de otras, parabolts en líneas ya abiertas… y eso es una falta de respeto. Esto es una zona de escalada de aventura, es la montaña por excelencia. Reclamo el respeto a la ética, a los valores de la escalada que se están perdiendo. Si dejan las grandes vías de aventura con el compromiso que tienen, ya verás cómo no se masificarían».

No oculta su malestar por la restauración de *Ópera Vertical*, un trabajo para el que dice que no contaron con su opinión, aunque sí que se ha mostrado satisfecho de cómo se restauró otra de sus grandes vías, la *Cainejo*, que él mismo ha repetido hace solo dos años: «Aquí simplemente donde había un espit han puesto un parabolt y eso está bien; la vía mantiene todo su carácter, incluso se pueden encontrar algunos clavos de los que dejamos. No estoy en contra de la seguridad, pero sí del sobreequipamiento».

Como ejemplo de terreno de aventura actual pone el Frailón, donde dejó otra de sus grandes líneas, el *Espo-*

Arriba a la izquierda, Joaquín Olmo y Albert Merino, otros dos grandes escaladores de aquellos ochenta, en la segunda repetición de la *Almirante*; y debajo, Tito en el L3 de *Sueños de invierno*, asegurado por Joaquín Olmo durante la primera repetición a esta ruta, en el verano de 1984. A su derecha, Genaro Sánchez (hermano de Tito) en la primera invernal a la *Leiva*.

Arriba, Tito en la apertura de la *Cainejo*, por la cara este (julio 1980); a la dercha, con Fito y Luismi en Pandébano, camino del Urriellu a rematar su *Principado de Asturias* (1990), y debajo Luismi en esta apertura (en la reunión de Nido del águila). Abajo, con su amigo Donato Lobeto, con quien escaló las cuatro caras en 1994 en 11 horas y con quien sigue compartiendo escaladas hoy en día.

lón *del Madrigal* (que empezó en 1985 y acabó diez años después, con Fito Santamaría y Rafael Escandón, cotada de A4/7a), así como otras grandes tapias en zonas más desconocidas de los Picos, donde asegura que ha vivido de las experiencias más salvajes de su vida.

En el verano de 1991 llevó a cabo un reequipamiento con parabolts de la *Rabadá/Navarro*, ya por entonces degradada de tanto clavar y desclavar con el paso de las sucesivas cordadas, que fue aplaudido por unos y criticado por otros. Así se mantuvo unos tres años, hasta que los madrileños Gabriel Martín, Juan Carlos Guichot "Papila" y Paco Tolmo, en otra polémica actuación, retiraron los parabolts de los largos 3 y 4. Esta disparidad de criterios hizo patente la necesidad de una ética consensuada de los reequipamientos de las vías, al margen de las opiniones

particulares, en el recién declarado Parque Nacional de Picos de Europa, en 1995 (79 años después del primero, el de Covadonga que, recordamos, fue a iniciativa del pionero Pedro Pidal).

Tito empezó a escalar con 8 años, ahora tiene 71; toda una vida escalando en la que ha sido un referente para muchos. En 2017 recibió un homenaje del GAME por toda su trayectoria. Ya está jubilado (después de su época en el refugio, volvió a su trabajo de oficial de primera de metal, ejerciendo como soldador calderero durante 38 años) y sigue haciendo montaña de forma activa, esquiando o escalando, en ocasiones acompañado por alguno de sus sobrinos (como Rubén, que le acompañó los últimos tres años en el refugio, o Samuel Sánchez, ciclista con un oro olímpico) y también por sus grandes amigos de siempre, como Donato Lobeto, con quien en 1994 encadenó las cuatro caras del Picu en solo 11 horas (por la *Murciana*, *Pidal/Cainejo*, *Cepeda* y *Sur Directa*), sin tener ninguna cuerda instalada para los descensos, un horario récord en el momento. También actualmente realiza labores de equipamiento y de reequipamiento en zonas de escalada cercanas como Otura o Manzaneda, donde han contado con algo de financiación de la Federación Asturiana o del propio concejo de Morcín. Aclara por tanto que no es que esté en contra de la evolución ni del uso de los materiales modernos, que conoce bien, sino de la profanación con el taladro de "su" Urriellu.

FOTOS: COL. CLAUDIO SÁNCHEZ "TITO"

De la generación del pie de gato

Nacho Orviz pertenece al núcleo duro de escaladores asturianos que asisten al nacimiento de la deportiva. Con Claudio Sánchez "Tito", de quien le separan unos 4 o 5 años y con quien trabajó en el refugio en los años 84 y 85, así como con otros compañeros, protagoniza algunas de las repeticiones más rápidas del momento, como la *Rabadá/Navarro* en solo cuatro horas y media en 1983. También con Francisco Blanco hace la *Murciana* y la *Leiva* en la misma jornada, en poco más de 11 horas totales de escalada; y unos años después vuelve a encadenar estas dos vías sumando además la Rabadá/Navarro en el mismo día. Es solo un ejemplo de lo que se llevaba: escalar rápido y lo máximo posible en libre y sobre todo eso, no parar de escalar. Después de aquel gran aprendizaje, Nacho evolucionó hacia las grandes montañas, ascendiendo a siete ochomiles sin oxígeno, algunos de ellos como cámara de *Al filo*. En los últimos años se confiesa más enganchado al windsurf, y de hecho desde Tarifa nos responde esta entrevista.

COL. NACHO ORVIZ

¿Qué representaron para ti esos años de guarda del refugio ayudando a Tito?

Para mí aquello fue como una universidad. Yo tendría 20 o 21 años, aunque tampoco era un novato; soy de la generación del pie de gato, de los que empezamos ya a escalar en libre, veníamos de Quirós, de Teverga... y en el Urriellu trasladamos aquella mentalidad a la pared. No éramos tantos, todavía lo que predominaba era el artificial, el "pseudo-libre" (en libre pero haciendo algún A0), pero un grupo de jóvenes de Asturias, como Javier López, Francisco Blanco, José "Pingüi" (fallecido en 2020)... ya estábamos en ese camino, habíamos ido a Francia, al Verdón... y nos habíamos empapado de esa mentalidad. Nosotros ya a principios de los ochenta escalábamos la *Rabadá/Navarro* en libre, solo que por entonces todo era bastante anónimo, y luego cuando vinieron los de *Al filo* a grabar la escalada en libre de la Rabadá con los madrileños parecía que estaban descubriendo algo. Las vías con artificial difícil sí que las hacíamos con algún vivac, pero otras como la *Murciana*, la *Mediterráneo*, la *Directísima*... ya las hacíamos en el día, y mucho en libre. Claro que de aquello no quedaba mucho testimonio, apenas las piadas que dejábamos escritas en el refugio y el que llevaba cámara de fotos que hacía alguna diapo, pero no salía más allá. En esa época escalamos muchísimo, estábamos al quite de lo que abrían para ir a repetirlo. Por ejemplo abrieron la *Murciana*, y al poco y ya hubo repetición asturiana, lo mismo la *Sabadell*,

la *Almirante*, la *Revelación*... Y luego además las aperturas en los huecos que iban quedando.

Tú participaste en concreto en la apertura de *Ópera Vertical* con Tito, ¿cómo fue aquello?

El verano de 1983 Tito y yo abrimos los tres primeros largos que dejamos equipados con cuerda, y cuando nos íbamos a meter a acabarla fue cuando ocurrió el accidente de los gallegos, amigos nuestros [Javier Iglesias y Senén Cruces fallecieron al precipitarse desde lo alto de laja España, al salirse en una caída la reunión en la que estaban anclados]. Eso nos hizo dar un parón, y luego ya en septiembre la retomamos y la acabamos del tirón, con un vivac (que no llevábamos ni saco, solo una funda de vivac), escalando mucho en libre abriendo, algo que no era habitual en esa época. Yo desde entonces ya vi claro que toda la vía podía salir en libre, pero un muro de 40 metros como era el primer largo sin seguros, ni posibilidad de meter friends (solo microclavos y gancheos), por entonces tenías que pasar colgado.

Cuando en 2019 el Comité de Reequipamiento de Picos te comenta su intención de restaurar la vía (que llevaron a cabo principalmente Kico Cerdá y Eduardo González, siendo poco después encadenada en libre por el primero con Jesus Wensell, con dos largos de 7b), ¿cuál es tu postura?

Creo que al final las vías no son propiedad nuestra, ni aunque la hayas abierto. Por ética te pueden pedir la opinión y respetar tus ideas, pero el aperturista no puede imponerse por encima de

todo. En el Urriellu hay vías que se está metiendo la gente que tienen un equipamiento muy precario y lo que a mí no me gustaría es que alguien se mate en una vía mía porque se haya saltado un buril o cualquier cosa. Otra cosa es que cojan una vía y te la destrozen... pero esta gente ya me explicó que iban a cambiar simplemente lo viejo por lo nuevo, y donde no hubiera más remedio pondrían algo, porque al final no es lo mismo cuando la abres desde abajo, y el aperturista se puede haber equivocado. No hablo de alejes, sino de algo mal ubicado o mal puesto. Una vía de hace cincuenta años, si tú la reequipas exactamente igual que el que la abrió probablemente dejes un churro, incluso las reuniones, porque antes se escalaba con cuerdas de 40 o incluso 35 metros, y ahora lo normal es llevar de 60 metros. La evolución es innegable, los tiempos han cambiado y hay cosas que, sin degradar la ética ni la historia, hay que aceptarlas y hacerlas bien. Porque si te niegas, puedes dar lugar a que los que se metan a repetir las vías vayan poniendo seguros donde ellos consideren, por no matarse o por las circunstancias que sean, que es lo que ocurre en muchas vías, que al final están destrozadas. Yo entiendo la aventura y el compromiso, pero también sé que una apertura nunca va a ser lo mismo que una repetición, desde el momento que pasa una cordada ya va dejando su rastro y las vías van cambiando. Los reequipamientos que hay en Urriellu, al menos los que yo conozco, están en general muy bien, son homogéneos. La realidad es que antes aquí íbamos a escalar 50 personas en todo el año y ahora van miles; hay que adaptarse.

Grandes solitarias de la Oeste

Vivencias en solitario, 1986, Oeste

FERNANDO RUIZ: primera apertura en solitario, y en invierno, a la Oeste

Fernando Ruiz ya era un experto escalador solitario en aquel invierno que, con 23 años, protagonizó una de las más destacadas actividades de la Oeste del Picu de todos los tiempos. "Empecé escalando solo porque, en Pancorbo, mi zona de escalada habitual, me costaba encontrar compañero, y luego ya vi que disfrutaba de este estilo, y seguí con ello", nos cuenta Fernando en una reciente conversación telefónica. Se había iniciado en la escalada a los 15 o 16 años y desde ese momento fue el eje de su vida. Como ya hemos relatado, el año anterior había hecho la primera solitaria al *Pilar del Cantábrico*, y contaba igualmente con una importante actividad en Pirineos y en los Alpes, con por ejemplo el Gervasutti del Mont Blanc de Tacul o la Aguja Negra de Peuterey, ambas en solitario. "Tenía ganas de abrir una vía en la Oeste, y ya el verano anterior había visto un hueco entre la *Mediterráneo* y la *Murciana*". Así, a principios del mes de marzo, se mudó a Vega Urriellu con intención de pasar allí una buena temporada. Su amigo Manolo "el gallego" le ayuda en los porteos, y le esperará también pacientemente en el refugio los 12 días que duró su escalada, comunicándose por walkie-talkie.

"En busca de sensaciones"

Tal y como dejó escrito en su diario de aquella escalada: "12-III-86. Miércoles. Hace un día bastante bueno pero con mucho viento, esperamos mogollón de tiempo en el refugio a ver si amaina pero nos aburrimos y decidimos salir en busca de sensaciones". Parece que ya en el segundo largo encuentra lo que andaba buscando: "El largo empieza a la derecha de la *Mediterráneo* para, 8 metros más arriba, en una travesía de A1, juntarse de nuevo, seguir unos 10 m y salir a la derecha en ganchos y clavos estrangulados en A4. Es un tramo bastante expuesto pues nada de lo que metes aguantaría un pire. Te faltan casi dos metros así que unes las cuerdas con cordinos y te limpias el culo pues el largo es para cagarte".

Tras dejar fija la estática y bajar, vuelve al refugio, donde ha de esperar algún día pues "ha nevado un puñado y las tapias están envueltas en sábanas", escribe. El día 14 regresa a la pared: "El primer buril que quiero meter de 9 mm estalla toda la roca, aunque aguanta y me puedo superar, pero voy muy despacio, intentando ahorrar buriles pues veo que no voy a poder utilizarlos. He estado 2 h para abrir unos 15 m", vuelve a bajar y al día siguiente consigue terminar el tercer largo, muy largo, dejando algunos espit y puentes de roca (A3).

Ya el domingo 16 se sube la hamaca –una que le había cosido Artiach para la ocasión, con un marco de aluminio que les había pasado él, y codos de hierro– y el petate de 40 kg, con la idea de montar el primer nido, a 115 metros, y seguir para arriba. No se deja impresionar por el viento y "esos pequeños granitos de nieve que se estrellan en la cara a una velocidad de impresión" y resuelve brillantemente el siguiente largo, utilizando muchas uñas, puentes de roca y friends, y poniendo además a prueba su sistema de aseguramiento: "Hoy por primera vez he tenido una caída parada por los prusik, de unos 6 m, en la que me ha parado el friend del 3, a consecuencia de la rotura de un pico de roca que pasándole un cordino me sirvió de superación y cuando menos me lo esperaba, castañazo. Ya no puedo decir que el sistema de aseguramiento en teoría tiene que cumplir, ahora digo que en la práctica cumple".

En la hamaca-ala delta

Vuelve esa noche a la hamaca "que parece que va a echar a volar en cualquier momento, como un ala-delta" y se anima charlando por el walkie con su amigo Manolo. Al día siguiente no puede salir de la hamaca por el mal tiempo. El miércoles 19 el tiempo mejora y consigue avanzar otros dos largos (A2): "Hoy por fin he dejado un clavo, no ha quedado muy potente pero está chachi. Es el único que he podido dejar en condiciones, pues siempre que lo intento meter no ha entrado. Estas placas de calizas son difíciles de trabajar, hay que traer bicoins cortos, si no nada".

La siguiente jornada la pasa en compañía de *El lute, camina o revienta*, pues hace tan malo que lo dedica a leer la novela que se ha llevado a la tapia, sin salir de la hamaca. El viernes 21 amanece todo helado, pero eso no le frena para llevar a cabo su plan de trasladar su campamento en Laja del Niño 120 metros más arriba, a un agujero con un canalizo que bautizaría como Nicho Meón. "La subida con jumar ha sido lo peor, las cuerdas tenían casi un centímetro de hielo por los lados y no mordían bien, un par de veces se me ha ido el pedal hasta abajo".

El domingo 23 no amanece malo del todo, hasta intercambia saludos con una gente que ha llegado al refugio y, después de abrir otros tres lagos (A2), se anima charlando con unos radioaficionados de Llanes. El lunes 24 las ráfagas de viento le tienen en vilo "pues son tan fuertes que no sé ni cómo resiste el nailon", así que pasa el día en la hamaca, desde donde atiende una entrevista para la radio. Pero la temperatura cada vez baja más (-12ºC) y la nieve ya entra por las cremalleras de la tienda, así que tampoco el martes puede continuar. El miércoles 26, harto de la espera, sale dispuesto a escalar, ignorando las manos

En esta página, dos imágenes de Fernando durante la apertura de *Entre el cielo y la tierra*, en la Sur de Peña Santa, con Felipe Artige en 1995. Después de su accidente en el Aconcagua en 1986 pasó una temporada recuperándose con neuroestimulador y reemprendió la actividad (adaptándose a la amputación de los diez dedos de los pies y distintas falanges en los de las manos). Su maestría con los ganchos ya quedó patente en su *Vivencias en solitario*.

FOTOS: COL. FERNANDO RUIZ

Fernando en el Urriellu en el verano de 2019, una jornada que escaló en cordada la *Nosferatu* y al día siguiente diez largos de la *Rabadá/Navarro*. A la derecha, probando la hamaca de pared que utilizó en la apertura de *Vivencias en solitario*. Página derecha, Carlos Suárez durante su apertura de *Solo al viento* (1996).

heladas y unos mareos que le entran, que casi le hacen vomitar. Progresa "limpiando la nieve que estorba en los agujeros, meto una U 'rácana' y dejo varios puentes de roca que aprovecho para dejar huella, ya que no dejo otra cosa". En medio de la ventisca consigue montar la reunión, y vuelta de nuevo a la hamaca para intentar recuperar fuerzas y acometer los apenas dos largos que le faltan hasta la cumbre. El 27 por fin, el duodécimo día que lleva en la pared, sale de la hamaca dispuesto al asalto final. Abre un largo, mete dos espit y "decido hacer el largo que me queda de IVº en libre integral para evitar la movida de bajar y subir. Tengo algún problema porque hay algo de hielo y tengo que andar al loro. Por fin llego a la cumbre, 500 metros de escalada y miles de esfuerzos para superarlos se funden en un sentimiento único".

No faltaron las dificultades en la bajada primero destrepando sin cuerda y luego rapelando con el viento zarandeándole, hasta por fin poder abrazarse con su amigo Manolo que, preocupado, le aguardaba en la base, culminando así una escalada épica que, muy respetada por su exposición desde su apertura, tardará nada menos que 24 años en ser repetida.

No conocemos intentos previos más que alguno de Jaume Clotet "Paca" a finales de los noventa, quien encuentra una dificultad mayor de la esperada y solo recorre tres largos de la vía. Ya en 2010 la cordada bigwallera de David Palmada "Pelut" y Jordi Servosa repiten la vía en invierno excepto los dos últimos largos que rematan el verano siguiente, utilizando una enorme cantidad de plomos y material de artificial moderno, sin apenas encontrar huella y llegando a recotar al alza algunos largos.

1986: lo mejor y lo peor

«El 86 fue mi año, en lo bueno y en lo malo», recuerda ahora Fernando mirando atrás. Y es que poco después de su aventura en el Urriellu, fue a hacer con los mismos ingredientes –solo y en invierno, sin apoyo técnico ni radio– la pared Sur del Aconcagua. Llegó hasta la Cresta del Guanaco en cinco días de dura escalada y, con muy mal tiempo, estuvo otros 9 días descendiendo de la pared en medio del temporal. Le dieron por muerto. Consiguió llegar al campo base por sus medios y sobrevivir, pero le salió caro: congelaciones en 19 dedos que acabaron en amputaciones de todos los dedos de los pies, y de distintas falanges en las manos.

Aún así, la idea de volver a escalar nunca se fue de su corazón, y unos años después ya estaba volviendo a la roca, con unos pies de gato adaptados. Además de vías en otros macizos, en el verano de 1991, en cinco días consecutivos de escalada repite cinco de las grandes vías de la Oeste. Y está lejos de retirarse: el año pasado escaló la *Nosferatu* «que la tenía pendiente», nos dice, «y no descarto volver a mi vía algún día…».

Los solitarios del fin de siglo

Las escaladas en solitario al Urriellu siguen atrayendo a los representantes de las distintas generaciones, que buscan retos ya sea con repeticiones de vías ya abiertas o creando nuevas líneas. En este campo en los noventa sobresale la actividad de Pep Masip, que hace las cuatro primeras vías de cada cara en solitario en el 93, así como la primera repetición de *Principado de Asturias* en invierno; una escalada que repetiría también sola Sílvia Vidal en 1996 (esta potente cordada deja su firma en la Oeste del Picu con la *Tramontana*, en 1998). También merece una mención el casi desconocido escalador madrileño Luis Gómez, que da la sorpresa escalando en solitario las cuatro caras (por la *Rabada/Navarro*, *Pidal, Cepeda* y *Sur Directa*) en un rapidísimo horario de cuatro horas cuarenta minutos, en el año 2000, que no ha vuelto a ser superado.

Entre los escaladores solitarios ya de muy joven despunta Carlos Suárez que, con su increíble palmarés de solitario adolescente en los Alpes (escala el Dru y la *Walker* de las Jorasses con 17 años), en 1991 hace la primera integral a la *Rabadá/Navarro* (vía que ya había subido en cordada cuando tenía 15 años) y la *Cepeda* en el día. En los intensos noventa Carlos escala hasta 10 vías en solitario en la Oeste (entre ellas la *Leiva*, la *Directísima*, la *Murciana*, la *Almirante...*) y alguna sin cuerda (como *Los Rebecos*) y también en cordada repite en libre muchas de las vías de referencia del momento, como el *Pilar del Cantábrico, Soy un hombre nuevo* o *Sabadell*, entre otras. Su relación con el Urriellu no se limita a la escalada, también lo desciende en parapente para un programa de *Al filo*, en 1993 (el primer vuelo en parapente de la cima data de 1989, por cuatro miembros del Club Parapente Ventolín, de Asturias) y, años después, se lanza en salto BASE desde la cima. La vía que queda asociada a su nombre es *Solo al Viento*, que abre en junio de 1996.

Tristemente, Carlos nos dejó el 1 de abril de 2025 en un accidente de vuelo. Esta entrevista la realizamos para la primera edición del Especial Urriellu (oct. 2020), en la que, como era habitual en él, siempre tenía un hueco para compartir sus recuerdos e interesantes reflexiones.

¿Fue difícil encontrar el hueco para *Solo al Viento*?

Bueno, había un rombo a la derecha de la *Rabadá/Navarro* que estaba sin tocar, y allí me metí. Es cierto que más arriba no me quedó otra que salir por otras vías, de lo que luego me arrepentí, pero en cualquier caso fue una experiencia muy buena pasar seis días allí colgado.

DARÍO RODRÍGUEZ

Es de las pocas vías que todavía no se ha repetido. ¿Por qué crees que es? ¿Cómo son los largos?

Tiene un largo de A4 en el que subí con uñas y como en unos 12 metros no pude dejar puesto nada, que además luego un poco más arriba tiene una salida en libre de 6c o así, y lo último que tienes de protección es un rurp debajo de un techo, es bastante expuesto. Al final son vías que da pereza hacer, pierden el atractivo y se quedan en el olvido.

¿Crees que si se reequipara se podría hacer en libre? ¿Lo aceptarías?

Sí, estoy seguro que se podría hacer en libre si se equipara con esa mentalidad. Yo en el tema de los reequipamientos nunca he sido muy radical. Pienso que está bien contar con la opinión de los aperturistas, pero que tarde o temprano todos acabamos muriendo y las vías ahí quedan, deja de tener sentido tu opinión. No me parece mal que, si una vía está obsoleta y ha caído en el olvido, que se retome con otra mentalidad, pues al final es peor que quede abandonada del todo.

Has volado en parapente desde la cima, en salto base, has escalado por todas sus caras tanto en cordada como en solitario, en

invierno... Parece que no dejaste nada pendiente por el Picu, ¿no? ¿Crees que queda algún reto para las próximas generaciones?

Es cierto que viví toda una época allí, tuve una evolución muy buena, para mí fue una pared de referencia. También es verdad que, después de todo eso, me senté en la base del Urriellu un día y sentí que ya no me motivaba tanto. Con todo, sigo yendo de vez en cuando a disfrutar de esta gran pared. Quizá para mí no queden retos que me atraigan, pero creo que el Picu todavía tiene mucho que ofrecer a las siguientes generaciones; estoy seguro que se harán otras escaladas espectaculares, quizá liberaciones de mayor dificultad, en integral... Sin duda la evolución va a continuar.

Pero, sin embargo, parece que los escaladores deportivos más fuertes de ahora tienen poco interés por llevar ese nivel a paredes como el Picu...

Lo que ocurre ahora es que son deportes distintos, hay una ultraespecialización. Antes ser polivalente era alguien como yo que escalaba deportiva, pared, alpinismo... un poco de todo; ahora un escalador polivalente es el que hace deportiva, búlder y competición, lo otro es un deporte diferente pero, como decía, creo que se seguirán abriendo nuevos caminos en todas las disciplinas.

Una vía robada al futuro

Con distinto ritmo según los años, en la segunda década de los ochenta y principios de los noventa siguen apareciendo nuevos itinerarios, si bien muchos son variantes de vías ya existentes, o itinerarios cortos que llegan a Tiros de la Torca. Uno de los activos aperturistas que entra en escena es el madrileño Tino Núñez, que entre 1984 y 1998 abre una vía por la Norte (*Pedos Gordos*) y hasta seis en la Sur: *Me refugio en la bebida, Anfepaz, Pecadillu, Pies fríos, Cocidito madrileño, Invicto y Laureado*, tres de ellas acompañado de escaladoras (rompiendo así con la escasez de aperturistas femeninas) y la última en solitario.

Nos detenemos en una de las vías representativas de finales de la década, *Gizon Berri Bat Naiz*, que abrieron el vasco Jon Lazkano y el madrileño Ramón Portilla, ya por entonces famosos por sus escaladas y vinculados al programa *Al filo de lo imposible* (juntos, con Tamayo, habían abierto vía en la Gran Torre del Trango; Portilla ya había subido el Cerro Torre, las Siete Cimas... y Jon había escalado la Torre Central del Paine, la Torre Rusia del Pamir...). Ellos mismos reequiparon su *Gizon Berri...* poco

después de abrirla con idea de escalarla en libre, lo que consiguieron con algún punto de reposo, siendo escalada íntegramente en libre por los vascos Íñigo Basterra y Ander Gardeazábal en 1994. Recientemente (2025) la vía ha sido restaurada con material nuevo y sus repeticiones han aumentado. Le pedimos a Ramón que nos recuerde aquella "vía robada al futuro", "sublime" o "una de las mejores del mundo en su grado", como la califican muchos de sus repetidores.

Cuéntame tu relación con el Picu, cómo nació y fue evolucionando...

La primera vez que lo escalé fue por la *Rabadá/Navarro* cuando tenía 17 años [en 1974], subí con un catalán que acababa de conocer allí y luego no volví a ver (mis compañeros y los suyos se habían bajado, así que nos encordamos nosotros). Entonces era una vía mítica, casi lo máximo, atraía y daba miedo a partes iguales. Para mí fue la primera vez que salía de la Pedriza o de Gredos, para preparrme había escalado el Torreón de los Galayos. Recuerdo que me sentí emocionado y orgulloso de haberla conseguido y desde

DARÍO RODRÍGUEZ

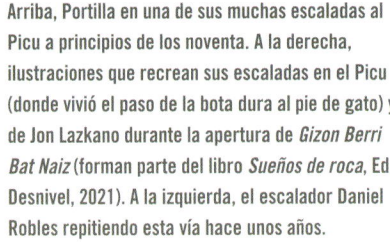

Arriba, Portilla en una de sus muchas escaladas al Picu a principios de los noventa. A la derecha, ilustraciones que recrean sus escaladas en el Picu (donde vivió el paso de la bota dura al pie de gato) y de Jon Lazkano durante la apertura de *Gizon Berri Bat Naiz* (forman parte del libro *Sueños de roca*, Ed. Desnivel, 2021). A la izquierda, el escalador Daniel Robles repitiendo esta vía hace unos años.

entonces me enamoré del Naranjo y de su historia. Estas montañas son mucho más que piedra, aquí se produce el nacimiento de la escalada de dificultad en España, la historia del marqués y el pastor me parece preciosa, y además la montaña es bellísima. Creo que todos los años de mi vida que no he estado de viaje o de expedición he vuelto a ella. Incluso en el verano de 2020, que no viajamos fuera con todo el tema del Covid, fui a escalar *La fiesta del Paca*, que la tenía pendiente. Me pareció una vía rara aunque interesante, de las de colección; va además por un sitio muy espectacular, que no toca ninguna otra vía, lo que ya es raro en esta pared...

Cierto, de hecho vuestra vía, que abristeis en el 89, ya empieza por otra... ¿Cómo os planteasteis Jon y tú esa apertura?

Bueno, era lógico e inevitable que una pared como la Oeste se fuera a llenar de rutas, donde además

VÍCTOR SÁNCHEZ

RICHI PÉREZ

es imposible no cruzar alguna porque la *Rabadá/Navarro* ya la cruza entera, pero, dentro de eso, es cierto que hay algunas vías que solo atienden al deseo de la gente de dejar allí su nombre como sea. *Soy un hombre nuevo* la surcamos en un hueco que quedaba libre por una placa lisa; nuestra idea era abrirla desde abajo perforando la roca lo mínimo posible, lo que pudimos hacer porque había muchísima gota de agua que nos dejó ganchear; ya abriéndola (en varios días del mes de septiembre de 1989, con dos ataques) nos dimos cuenta que la vía era excepcional para ser escalada en libre, así que posteriormente volvimos a equiparla con esa intención. Con Jon Lazkano había escalado en otros sitios, pero esta fue la primera vez que abrimos una vía juntos; él me motivaba mucho, creo que es la época que más fuerte he estado escalando.

Entonces, ¿cuándo hicisteis el reequipamiento?

En el año 93, que estaba en el Naranjo colaborando en la reconstrucción de la histórica primera ascensión que hicimos para *Al filo*, aproveché para esto. Quería haber ido antes, pero nos cortaron unas cuerdas fijas que habíamos dejado instaladas, y eso también nos retrasó, así que ya ese verano nos descolgamos desde arriba para meter algunas chapas más. Lo hicimos en distintos días Jon y yo, no conseguimos coincidir, él equipó la parte de arriba y yo desde la travesía para abajo, pero teníamos la misma filosofía de dejarle un

componente de aventura. En el primer largo, que es el más duro (7b+), me ayudó a marcar los emplazamientos para los seguros Carlos Suárez, porque yo no tenía el nivel. Todos los seguros los metí a mano con el burilador, nunca me ha gustado llevar taladro a las paredes, ni siquiera hace pocos años, en la vía que abrimos en Arribes del Duero dejo a los chavales que traigan el taladro.

¿Y el nombre de dónde viene?

Se la quisimos dedicar a nuestro gran amigo Juanjo San Sebastián, que siempre estaba diciéndonos en esos años que iba a ser un hombre nuevo, que iba a entrenar todos los días, a escalar... pero luego nunca cambiaba, así que de ahí vino, para picarle, y la pusimos en euskera porque a Jon le hacía ilusión, pero la verdad es que yo ni sé pronunciarlo. Juanjo nunca cambió, aunque ahora, ya jubilado, escala más que nunca.

¿Cómo ves que la hayan restaurado?

Lo han hecho respetando la filosofía con la que la equipamos, dejando el compromiso, los alejes... Creo que incluso en un par de sitios han mejorado los chapajes, sin alterar la filosofía. Además, no han puesto rápeles, que es algo que tampoco queríamos, por no desvirtuar las escalada en la oeste. Así que estoy encantado. Es una vía con una línea buenísima, con una roca excepcional y un nivel que, sin ser extremo, es muy mantenido.

Cambiando de tema, me ha llamado la atención una escalada que hiciste al Naranjo con un grupo de personas que tenían esquizofrenia, grabando el documental *Y si te dijeran que puedes*, ¿cómo fue aquello?

Sí, eso fue en 2017, con Juanjo San Sebastián, Bernabé Aguirre, Sebastián Álvaro y Juanito Oiarzábal, casi nada. Fuimos con cinco personas diagnosticadas con esquizofrenia de una asociación de Bilbao que no habían escalado nunca, así que estuvimos preparándoles y entrenándoles para ir al Naranjo. Fue una experiencia especial, consiguieron subir los cinco, no podían estar más felices, y además tuvimos la suerte de que ese día no encontramos a nadie en la cima.

¿Alguna otra anécdota que recuerdes de todas las veces que has subido al Picu?

Una buena fue un proyecto que hicimos para *Al filo* en el que, volando desde un globo, Laureano Casado se iba a lanzar en parapente e iba a intentar aterrizar en la cumbre. Me acuerdo que vivaqueamos arriba y lo tuvimos que acordonar todo para evitar accidentes en el aterrizaje. Finalmente no pudo ser por las condiciones, pero de aquella misma sí que se lanzaron desde la cima en parapente Laureano con Carlos Suárez, que también fue espectacular porque las condiciones no eran ideales para el despegue y hubo momentos de tensión, quedaron unas imágenes increíbles.

Adicto al Urriellu

Gallego de nacimiento, Andrés llega a Picos de Europa a principios de los ochenta como uno de los primeros miembros del Grupo de Rescate e Intervención en Montaña (GREIM) de la Guardia Civil con sede en Cangas de Onís, ocupándose de muchos de los rescates de estas montañas. De esos años, asegura: «Todos son buenos recuerdos para mí, mis compañeros, las actividades que hacíamos... Aún conservo buenas amistades. Fueron diez años de trabajo duro y difícil en una época en que los rescates se hacían a pie. Allí aprendí con el dolor de los que rescatábamos, intentando tranquilizarlos durante tantas horas de evacuación, que en ocasiones duraban días». Gran conocedor del macizo, llega a desplegar una inigualable ansia aperturista que, a día de hoy, le convierte en el más prolífico del Picu, dejando su nombre en hasta 20 vías (siete en la este, seis en la norte, cinco en la sur y dos en la oeste).

Su corazón gallego lo plasma en vías como *Crepúsculo celta* en la cara este en 1985, la

primera vía que abre en el Urriellu (junto a su compañero en los rescates Higinio Giraldo), así como años más tarde con *Luar* (con Rubén Suárez) y *Finisterrae* (con Jonay Pérez y Rubén Suárez), ambas en la cara sur entre 2000 y 2002.

Destaca su apertura invernal a la cara norte de *Diosa Turquesa,* que hizo en febrero de 1990 (ya su décima vía en el Picu) junto a Salvador Muñoz, otro de sus compañeros del GREIM y gran escalador. Tras equipar los primeros largos, se metieron en la pared un 15 de febrero, siguiendo en primer lugar el recorrido de la *Carletto Ré,* para luego abrir por un tramo virgen del espolón noroeste. Necesitaron un duro vivac para alcanzar la vía al día siguiente y comentaron que, aunque ese año había nevado poco, en un año de buenas nevadas la ruta se podría realizar en su mayor parte con los crampones puestos, por hielo o nieve. Además de repeticiones invernales a otras vías, también en esta estación abre *De la que vas ¡plas!* por la este (en diciembre de 1988, con Salvador Muñoz) y la última vía trazada en la pared, *Dile al sol,* por la cara sur, en enero de 2019 con Sergio Pensado.

Mientras muchas de sus primeras vías son hoy grandes clásicas muy apreciadas (como la popular *Sagitario*), otras de sus aperturas —especialmente las de los últimos años— han recibido críticas por no respetar itinerarios ya trazados, a los que cruza o se aproxima demasiado, así como por instalar material obsoleto. Él mismo reconoce en esta entrevista que muchos de los seguros que pone solo aguantan la progresión (no una caída), un detalle a tener en cuenta a la hora de repetir estas vías. Tras sus diez años en el GREIM de Cangas, fue destinado a la sección de montaña de Jaca (Huesca), donde ejerció como instructor en el Centro de Adiestramientos Especiales de Montaña en Candanchú (y no deja de abrir líneas en Pirineos, aunque ya más de carácter invernal), hasta que en 2001 se retira profesionalmente del rescate y vuelve a su Galicia natal. Desde allí, no abandona sus visitas periódicas al Urriellu y aún hoy sigue escalando activamente.

Eres el aperturista que tiene más vías en el Urriellu, ¿qué significa esto para ti?

El Picu Urriellu fue mi primera montaña, era la montaña a la que todos aspirábamos subir en algún momento. Por supuesto que nunca pensé en abrir ninguna ruta en sus paredes pero, en mis primeros años en Cangas de Onís donde estuve trabajando en el GREIM, pude escalar la mayoría de ellas, menos las más duras de la

oeste, que no tenía nivel. *Crepúsculo Celta* fue la primera ruta que hice, en septiembre del 85, lo mismo que *Treparriscos* en la este y *Sagitario* en la oeste, las tres aperturas en solo 20 días. Además de escalar, mi trabajo con los rescates me permitió recorrer todas las vertientes desde diferentes puntos, viendo que todavía quedaba mucho espacio virgen, como el espolón sur/oeste o la vertiente norte. Actualmente tengo 20 vías en total en las 4 vertientes; el Urriellu significa todo para mí.

Desde tu primera a tu última vía en el Picu, la escalada ha cambiado un mundo, ¿qué destacarías?

La evolución del material ha sido brutal y también la ropa; recuerdo que los primeros años escalábamos con el uniforme oficial que teníamos de montaña, unos incómodos pantalones bávaros de pana que se enganchaban en la rodilla y camisa de tela que limitaba el movimiento, botas duras hasta que conseguimos los primeros gatos Boreal... Antes las clavijas las hacía el herrero del pueblo, lo mismo que las cintas que las cosía un guarnicionero; ahora el material es mucho más técnico y ligero, aunque yo continuo colocando pequeños tornillos para la progresión y tiro de imaginación para superar algunos pasos, con seguros que a veces aguantan mi peso pero nunca una caída. Pero, sobre todo, creo que lo que más ha cambiado ha sido la mentalidad y los entrenamientos en rocódromos, la escalada ya está al alcance de muchos. En cuanto a mí como escalador, a pesar de la edad que tengo, continúo con la misma mentalidad y energías de entonces, sigo viendo las montañas con ojos ansiosos de encontrar nuevas rutas y mantengo la ilusión joven, aunque los objetivos ya sean menores y mis salidas al monte más escasas y limitadas.

A la izquierda, Andrés poniendo un espit durante la apertura de *Centenario* (2003), y arriba en un intento previo de apertura invernal. En esta página, en *El Ultimo Eslabón* y, tras finalizarla, en la cumbre con Ramón Figueira y Daniel Herraez (2009).

mucho esfuerzo y me sentía satisfecho con esta escalada que es la más larga en desnivel del Picu y la más difícil de toda la vertiente norte. Pensando en el tiempo que pasó desde la primera apertura que hice en la norte (en el año 89) hasta esta última, me asombra que nadie se metiera con idea de abrirla ya que es muy evidente. En esta vertiente fui abriendo cada fisura de toda la enorme pared: *Pánico Terminal 89, Diosa Turquesa 90, Centenario 2003, El Quijote* y *4º Centenario* en 2005, *El último eslabón* en 2009 y *Factor Humano* en 2013. Seis líneas hermosas y sobre todo muy largas, en las que hay que entrar con mentalidad aperturista ya que la equipación es escasa.

También otra de las espinas que tenía era salir por las fisuras superiores de la pared este, que lo intentamos con la ruta *De la que vas plass* en 1988, y años más tarde con la *Quijote* en 2005, pero tampoco pudimos conseguirlo, tuvieron que pasar 23 años hasta que finalmente lo conseguimos por la vía *Argentino y el Villareto* en 2011, una ruta corta pero muy intensa.

Como sabrás, ya entonces hubo críticas que aludían a la excesiva masificación de vías de la pared, con líneas que cruzan otras líneas, ¿cuál es tu postura?

Es cierto que en varias zonas del Picu están saturadas y tiendes a desorientarte y perder la ruta si no tienes una buena reseña o conoces bien la pared; de mis aperturas, si exceptuamos las vías *La Luna* y *Paparruchas* en la cara este, ninguna otra ruta cruza líneas vecinas, aunque reconozco que van muy juntas en algún punto de la pared. Me gusta surcar nuevas líneas, mientras pueda y el cuerpo aguante creo que seguiré haciéndolo, pero ya en otras montañas, pues el Urriellu ya tiene todo lo que puede desear cualquier alpinista, con una gran variedad de dificultades para disfrutar de la escalada. De todas formas, nunca se puede decir hasta aquí he llegado.

¿Cómo ves el futuro de la escalada en el Urriellu?

Creo que todas las escaladas se desarrollarán en libre; el comité de equipadores de la Federación Asturiana está haciendo una buena labor restaurando muchas rutas y cada día se está protegiendo mejor. Pienso que se buscará una escalada más segura, pero también creo que muchos como yo seguiremos disfrutando haciendo clásicas y colocando nuestras "mierdecillas" para superar cada tramo de pared. Solo espero que no se regule el acceso y, por supuesto, que no se llegue a cobrar por entrar en el Parque Nacional.

¿De cuál de todas tus vías estás más orgulloso? ¿Y de la que menos?

Mi vía favorita es *Sagitario,* conozco a muchos que la escalaron y todos dicen que es magnífica, por la roca, el ambiente... No alcanza la cumbre a pesar de que lo intentamos, pero a cambio hicimos una gran labor colocando buenos seguros en aquel momento (espit) con cable de acero en todas las reuniones para rapelar; tanto Higinio como yo pensábamos como rescatistas que esa línea tan directa podía ser la salvación de muchas cordadas que les fallara el nivel o bien por la meteorología adversa. También me siento especialmente feliz de haber conseguido la última ruta, *Dile al Sol*, es la primera ruta invernal de la vertiente Sur, que es la que faltaba por abrir en esta época y con ella todas sus paredes ya cuentas

con al menos una invernal, además es una ruta sencilla y creo que puede llegar a ser una clásica; con ella he conseguido mi tercera apertura invernal en el Picu. La ruta que menos me siento orgulloso puede ser *La Luna*, que la abrí después de recorrer sus vecinas en varias ocasiones y vi espacio suficiente, aunque se cruza con otras, y por eso no me gustó el resultado final.

Cuando en 2013 abriste *Factor humano* ya dijiste que sería la última, ¿qué te hizo cambiar de opinión?

También lo era la anterior, *El último eslabón,* que abrí en 2009, y por eso le puse ese nombre... *Factor humano* para mí fue un gran logro, me costó cinco visitas y dos temporadas en el Urriello, invertí

Fito Santamaría, momentos inolvidables

A la derecha, en el segundo largo de *Gizon Berri Bat Naiz*, que Fito escaló en julio del 96 con José Manuel Suárez 'el Pingüi' (fallecido en 2020). Abajo, su compañero –y uno de sus grandes maestros– Tito Claudio, durante su repetición de la *Revelación*, en septiembre de 1992.

37 años «picando el Picu»

Me presentaré como un humilde y apasionado montañero. Es difícil –si no imposible– resumir en pocas páginas tantas aventuras durante tantos y fructíferos años; quizás no da para contar una sola historia de una vía, pero lo intentaré. Aunque más bien parezca una vanidosa y prepotente relación de rutas escaladas, nada más lejos de la realidad; eso lo saben bien quienes me conocen y acompañaban por la montaña. Aunque parezca banal, me fue difícil y sacrificado compaginar este deporte tan duro y satisfactorio con mi trabajo en la mina durante muchos años. Empecé además con material rudimentario de forma autodidacta antes de ir evolucionando y disponiendo de material moderno, que muchas veces fabricaba yo mismo en el taller, como micropitones, ganchos, copper, plomos, etc. Tenía gran pasión por los libros de montaña de célebres e históricos personajes del mundo alpino, de los que tanto aprendí y fueron mi referencia en cuanto a ética y honestidad se refiere.

Muchas ganas, esfuerzo y suerte, y algo de virtuosidad que solo se posee en determinadas cosas. Aprendí precoz y rápidamente del ambiente montañero que se respiraba en la Vega Urriellu; poco queda ahora ante las hordas de turismo ajeno al mundo alpino en la época estival. Ya no me siento cómodo en lugares masificados, disfruto más en entornos tranquilos y solitarios. Especialmente en el Picu solo se me ve de octubre a mayo. Hay en Asturias muchos lugares apartados y salvajes con multitud de picos y

FOTOS: FITO SANTAMARÍA

grandes paredes donde expresar toda la fuerza, la ilusión y los sentimientos que bullen en mi cabeza.

Progresión meteórica

La primera vez que Luismi me llevó a conocer el Picu fue en el año 87, en su flamante R12. Se disipó la niebla en Collado Vallejo y quedé impresionado ante tan emblemática y bella montaña. Los dos sentimos un deseo irrefrenable de intentar su cumbre. Después de escalar algunas sencillas montañas, regresamos en octubre del 89, decididos a escalar por primera vez el Picu. Trepamos por la cara sur, la *Directa de los Martínez*, la más sencilla escalada de la montaña. Nada hacía presagiar que, solo nueve meses después, en julio de 1990, estaríamos colgados en su pared oeste, abriendo una nueva vía por el impresionante desplome de la Bermeja. Fue mi primera oeste de la mano de una leyenda del Picu como es Tito Claudio. Previamente habíamos abierto los tres –Tito, Luismi y yo– una difícil ruta a la inescalada Aguja de Tielve, y nos vio muy competentes para llevarnos a semejante "bacalao". Intentamos rehusar tan descabellada proposición, pero acabó convenciéndonos, y todo fue bien durante los 12 días que duró la pequeña expedición. Tanto para mí como para Luismi fue una experiencia bestial y salvaje, con un compromiso y dificultad que nunca habíamos ni llegado a imaginar hasta ese momento. Doy

las gracias a Tito por la gran oportunidad que nos dio, en la que aprendimos muchas cosas.

El resultado de aquella expedición fue la apertura de *Principado de Asturias*, que resultó una ruta de gran clase, belleza y dificultad en uno de los muros más bellos que hay en el Picu. Fue repetida posteriormente en solitario invernal por Pep Masip y más tarde por Sílvia Vidal, ambos buenos amigos y grandes escaladores aunque pequeños de tamaño, que confirmaron la dificultad de la vía (6c y A4).

Poco después tuve el honor y el placer de conocer a tres personajes históricos del Picu: a Pedro Udaondo y a Jaime Cepeda –aperturistas de la *Cepeda* a la cara este, una de las grandes clásicas del lugar– junto a María Jesús Aldecoa en 1995. Con Pedro tuve además la oportunidad de escalar, junto a otro gran pionero del Picu como es Juan Tomás de Caín, aperturista de la *Directa de los Martínez*. Aún conservo el colmillo de oso que me regaló como recuerdo por la apertura en Caín del Pico la Cerrasa, en la que estuvimos escalando 5 días la pared de 400 metros de gran dificultad; Juan Tomás nos invitó a Luismi y a mí a una opípara cena en Casa Cuevas, con Toño e Isabel, en la que estuvimos charlando sobre la dificultad de la vía, casi no se creían que habíamos subido por allí, jaja.

Múltiples repeticiones

Durante los siguientes tres años repetí diferentes rutas en el Picu, todas ellas excelentes escaladas. El Urriellu, en cuanto a roca, nunca defrauda. La siguiente oeste fue la *Mediterráneo* con José y la *Murciana* con Luismi, que repetí posteriormente en seis ocasiones más. También con Tito escalamos la *Directísima* en condiciones casi invernales y con muy pocos pasos de artificial. Igualmente, repetí la *Cainejo*, otra joya de Tito, así como la *Martínez Somoano*, la *Cepeda*, la *Espejismos de verano*, esta última obra de Manuel González y de mi gran amigo Manolo Álvarez, 'el Tenientes', fallecido en el Gasherbrum.

También regresé a la oeste a escalar la *Revelación* con Tito, a mi parecer una de las más bellas de esta

En marzo de 1994, Fito hizo su particular "tríptico invernal": desde Pandébano subió a Vega Urriello, al Neverón del Urriello por el corredor NE; a la Torre de la Pardida por la cara norte y a Torrecerredo por el espolón norte (la foto de arriba es en esta cumbre), todo en 12 horas en solo integral, recorriendo un total de 25 km, 1100 m escalada y 3500 m de desnivel. A la izquierda, en la cumbre del Picu con la antigua y dessaparecida figura de la Virgen de las Nieves, tras escalar la *Directísima* con Tito Claudio en mayo del 92.

FOTOS: FITO SANTAMARÍA

Abajo, foto reciente con su hija Mar, a la que ha transmitido su pasión por la montaña. Y a la derecha, de nuevo con su hija y con sus amigos del «club de los Jabalís del Cantarillón» en la cumbre del Pico Torres.

cara. El fin de semana siguiente, con Rafa Escandón, subimos la *Leiva*, que volví a escalar de nuevo en otras cino ocasiones, así como la la *Sagitario*, que ya he perdido la cuenta de todas las veces que la he escalado.

En febrero del 93, en pleno invierno, me fui solo a la histórica *Pidal Cainejo* (primera vía que se escaló en el Picu en aquel agosto de 1904). Encontré la pared con una nieve perfecta y, escalando sin cuerda, llegué a la cumbre en unas 4 horas. Fue una experiencia inolvidable. Con mucho cuidado destrepé por

la *Sur Directa*. Durante aquella escalada eché un ojo a la *Nosferatum*, que escalé posteriormente con Luismi y, por último, en la cara norte, "engañado" por José el Pingüi, escalamos la *Diosa Turquesa*, encontrando unas condiciones formidables de nieve dura y hielo, con un ambiente alpino difícil de superar. Recorrimos en unas 10 horas los 1100 metros de esta fantástica obra de Salvador Muñoz y Andrés Villar.

Sueños de invierno, 2ª repetición

Ahora tenía en mente algo mucho más ambicioso: la vía *Sueños de invierno*. Según me había contado el mismo José Luis García Gallego después de una proyección que dieron aquí en Mieres, cerca de casa, en su apertura –que, como es bien sabido, duró 69 días– habían sufrido grandes tormentas y mucho frío. Posiblemente es una de las vías más bellas y difíciles del Picu, que surca de una forma audaz el desplome, con grandes dificultades sobre todo en escalada artificial. Como preparación para esta escalada, debido al respeto que me imponía, abrimos muchas rutas de grandes desplomes y muros verticales de extrema dificultad en los Picos, además de realizar repeticiones a las vías más duras de otras montañas.

La información disponible sobre esa vía era escasa y muy aleatoria. Hice partícipe del proyecto a mi amigo Rafa Escandón, quien no dudó ni un momento en unirse. Los dos, muy motivados, decidimos ir en agosto del año 93. No hace falta decir que, cualquiera que se ponga en la base de la Bermella va a plantearse el desistir de su escalada, por muy ilusionado que esté. Por entonces la *Sueños* solo tenía una repetición, la de Joaquín Olmo, Albert Merino y Tito Claudio, que la escalaron al verano siguiente a su apertura, en el 84, confirmando su extrema dificultad, con graduaciones de hasta A5 y 6b en sus casi 600 metros de recorrido. Ellos la dejaron desequipada, en realidad según nos contaron, carecía casi totalmente de material emplazado; todo muy alentador para nosotros... Mi hermano José Luis me dio el impulso final que necesitaba para escalarla al decirme que «mucho viaje a Chamonix, pero lo más fuerte de aquí todavía no lo has hecho...».

Es ese tipo de escalada en la que los problemas de dificultad o logística son solo una pequeña parte del proyecto, pues entran en juego muchos otros posibles obstáculos como son las tormentas, enfermedad, caídas, lesiones o pérdida de material, entre otros... Hay que vivir en una pared muchos días, con todo lo que ello conlleva, con mucha incertidumbre. Pero los dos teníamos la determinación y la experiencia requeridas para este tipo de empresas. Finalmente la escalada, aunque agotadora por los seis días que estuvimos en la pared, resultó de una enorme satisfacción. Por supuesto también vivimos momentos duros, como una tormenta con rayos que nos pilló en el quinto largo, con muy poca –o ninguna– posibilidad de abandono, que soportamos en la hamaca artesanal sin techo que yo mismo había fabricado. Con todo, fue una de las mejores experiencias de mi vida, en la que agradecí mucho el ánimo y la ayuda de los amigos como Tino, José el Rubio, Joel y otros amigos que no pudieron estar presentes en la escalada, así como los guardas del refugio de la Vega, con Tomás de Sotres al frente. Una verdadera aventura.

Después de aquella seguí volviendo ininterrumpidamente al Picu, haciendo vías como la *Pilar del Cantábrico* con Rafa en verano y en invierno; también la *Sabadell*, muy alpina y con pocos pasos en artificial, o la *Gizon Berri*, la *Zumbeltz* y cómo no la histórica *Rabadá/Navarro*, que es de las vías que más veces he subido de la oeste, al menos catorce. No faltaron otras como la *Niebla Nocturna*, la *Rebecos* y muchas otras por todas las caras con distintos amigos y también con clientes. Viví momentos muy felices, como también difíciles y trágicos.

Más de 40 caminos diferentes a su bella cumbre, siempre con la Virgen de las Nieves ahí esperándonos con frío, calor, hambre, sed, cansancio... como tantas satisfacciones y gozo.

Ya en el año 96 ingresé en el GAME y me saqué en la Escuela de Benasque el título de guía UIAGM, que compaginé un tiempo con mi trabajo en la mina.

La estirpe continúa

Estos son los recuerdos más destacables que os puedo contar del Picu, pero sigo lleno de la misma ilusión que veo ahora en mi hija Mar. Ella, con 11 años, parece que destila la misma pasión que yo tenía a su edad. Ya escalamos juntos algunas montañas de cierta dificultad, tiene una fuerza física envidiable, además disfruta de material moderno y de mi humilde pero grata enseñanza, aunque mi maltrecho cuerpo de 58 años –con varias operaciones y una hernia que no me deja ni dormir en la actualidad– ya no está para grandes hazañas.

Disfrutamos de nuestras salidas con nuestro pequeño grupo «Los jabalíes del Cantarillón», con Tino, Choncho, Pedro Martino y algún otro que se apunta ocasionalmente. Ahora el tiempo se lo dedico a mi hija, a mis amigos, a nuestra casa... me encanta la jardinería y pescar en el mar. Cosas sencillas pero placenteras. Doy gracias a todos los que hicieron posibles mis escaladas –que son muchos y me dicen que no hay espacio para poder nombrarlos aquí a todos, pero sabéis quiénes sois–. Todos ellos excelentes personas y grandes alpinistas. El Picu llenó mi alma de inolvidables momentos durante estos 37 años. Formó mi carácter y la manera de ver la vida.

Quisiera que esto fuera un homenaje a los amigos que me han acompañado en mis escaladas, así como

a los aperturistas de todas la vías que tuve la suerte de escalar, independientemente de su grado de dificultad. No es mejor montañero quien más grado posee o más vías atesora, sino quien más disfruta de cada una de ellas. Hasta pronto montañeros, salud y suerte, nos vemos por la vertical y áspera roca del Picu, ya sabéis, allí donde nacen los vientos y solo es necesaria la imaginación para volar. Un fuerte abrazo a toda la comunidad alpina.

Fito SANTAMARÍA

DE LA MINA A LA MONTAÑA

Durante muchos años, Fernado Santamaría –'Fito' para sus muchos amigos– acababa su jornal en la mina el viernes por la tarde, subía hasta la Vega ese mismo día, escalaba sin parar el fin de semana y el lunes ya estaba de vuelta 'picando' roca. Todo esfuerzo era poco para sus incontenibles ganas. Aunque el Urriellu ha sido uno de sus principales escenarios–firmando vías como la *Principado de Asturias* junto a Tito, así como destacadas repeticiones y primeras invernales– cuenta con líneas abiertas por muchas otras montañas de Picos. Entre ellas, destaca simbólicamente la *Estrella del norte*, en la pared oeste del Frailón, que abrió en el verano del 96 con un largo de A5+ que todavía aguarda repetición. Las más de 200 vías que tiene abiertas –tanto de deportiva como en grandes paredes– han sido siempre «de abajo a arriba, sea del grado que sea», aclara Fito. Gracias por tu legado.

La segunda repetición de *Sueños de invierno*, que hizo con Rafa Escandón en agosto de 1993, fue una de sus grandes escaladas. Dos momentos de esta actividad: arriba en el sexto largo (A3+); y a la izquierda en la hamaca, en la cuarta reunión.

Los Pou, representantes del libre

Orbayu, 2009, Oeste

Iker y Eneko Pou llevan muchos años labrándose un nombre con sus escaladas en las grandes paredes del mundo, encontrando en el Urriellu un destino desde el que partir y al que seguir volviendo, siempre con la Oeste como terreno de juegos. Pocas cordadas se complementan mejor que la de estos hermanos, cada uno aportando sus puntos fuertes. Iker es el "máquina" en libre, novenogradista, el que resuelve los largos más duros en la pared; Eneko –también un gran escalador– destaca sobre todo en las rutas invernales y en los tramos de artificial, y es igualmente el que engrasa la maquinaria con los medios y los patrocinadores, consiguiendo una merecida difusión a sus actividades, que les permite seguir viviendo de lo que les apasiona.

Es por tanto Eneko quien responde nuestras preguntas: «Nosotros no tuvimos la suerte de llegar al Picu en la época anterior, cuando todavía estaba todo por hacer. Cuando llegamos todavía había algo, pero había que buscar con lupa. Por eso nos hemos dedicado más a abrir el abanico y buscar las escaladas en libre, era la evolución lógica». Eneko destaca también las grandes posibilidades que ofrece la Oeste para la escalada en libre: «Si esta pared se hubiera descubierto ya en este siglo, seguramente todas las vías que tendría serían en libre, porque es una roca que da mucho juego para este tipo de escalada, pero era otra época,

JAVIER BARRIAZARRA

otra mentalidad. Ahora el trabajo que nos toca es seguir este camino, el de la escalada libre».

Sus liberaciones y aperturas

Ya en 1997 Iker consiguió la tercera ascensión en libre (y primera en el día) al *Pilar del Cantábrico*, resolviendo largos de hasta 8a+. Años después, en 2003, ambos hermanos protagonizan la liberación de *Zunbetlz*, una ruta abierta en 1989 con largos de A4 que, después de un ataque desde abajo en tres días con hamacas (y vuelos de hasta 12 metros en el que arrancaron algún buril), consiguen transformar en 8b+. Desde entonces no se ha repetido en libre.

El siguiente jalón de su historia de liberaciones llega en 2006, con la escalada en libre y en el día de *El Quinto Imperio*, una vía abierta en 1996 por los portugueses Francisco Ataide y Sergio Martins, en el que de nuevo transformaron el artificial difícil en 8b (que los también portugueses Leopoldo Faria y Pedro Nogueira confirmaron en la primera repetición en libre de la vía en 2009). También ese verano de 2006 los Pou dejan en el Urriellu la primera línea con su nombre, *Lugorri*, que abrieron desde abajo y posteriormente dedicaron un día a su encadenamiento en libre de 250 metros (la vía finaliza en Tiros de la Torca), proponiendo 8c+ para el primer largo, el más duro. No cuenta con repeticiones conocidas.

Ya en 2009 crean crean su gran obra, *Orbayu*, con cuatro largos nuevos que surcan el desplome de la Bermeja, enlaza con seis largos de la *Mediterráneo* (haciendo una variante en libre en uno de ellos) y sale por los tres últimos de la *Rabadá/Navarro*. El año anterior habían estado probando los largos más duros de la *Mediterráneo* (hasta A4) y en el verano de 2009, después de unos dos meses de trabajo en la pared, consiguen resolver todos sus tramos y escalarla

RIKARD OTEGUI

del tirón desde abajo, proponiendo 8c+/9a y con ello la vía de big wall más difícil del mundo. El largo clave tiene tramos de escalada "asegurada sobre plomos, clavos falcados y pequeños fisureros empotrados, con caídas potenciales de hasta 20 metros".

No se detienen ahí, los Pou siguen desvelando los retos del Picu. En 2011 hacen la primera en libre de *Gorilas en la niebla* (7b+), una vía ya de corte moderno creada el año anterior. Los años siguientes suman las primeras a vista de otras vías también de concepción moderna, como son *El Norte Oculto* (7c+) en 2014 y *La reina fortuna* (7b) en 2016. También este año Iker, junto a Neus Colom, realizan la liberación de *Marejada Fuerza 6*, una vía que José Manuel de la Fuente y Manolo González habían abierto 31 años antes (1985) y que, de nuevo siguiendo la tónica de seguros precarios (antiguo A4) y tiradas muy expuestas, fuerzan en libre dejándolo en 8a+. En todo caso, en estas liberaciones el grado tiene una importancia relativa, pues ni de lejos estamos hablando de una dificultad comparable a una vía deportiva; aquí lo que cuenta es el temple y un agudo sentido de la navegación por el mar de caliza. Como apuntaba Iker en una entrevista en aquella ocasión: «Más que la dificultad que te da la roca, lo que más me preocupa es unir psicológicamente todos los largos».

Embajadores del Picu

Aquel 8c+/9a de *Orbayu* fue una propuesta arriesgada, pero consiguió su objetivo: atraer la atención de los escaladores punteros a nivel internacional, que no tardaron en recoger el guante. Ese es otro de los grandes logros de los Pou, poner en el mapa internacional de la escalada el Urriello, siendo los mejores embajadores de esta pared fuera de nuestras fronteras. Las primeras repeticiones a la vía llegaron en 2011, a cargo del belga Nico Favresse y del polaco Adam Pustelník, que sugirieron recortarla a entre 8b+ y 8c, siendo este último grado máximo el que ha prevalecido en el tiempo y han confirmado sus siguientes repetidores: el suizo Cédric Lachat en 2014 (año en el que también la escaló su compatriota Nina Caprez, si bien ella hizo los largos en días separados, dejando pendiente el encadenamiento completo de la vía), a los que se sumaron Edu Marín en 2015 y Gorka Karapeto en 2017. Entre sus últimos repetidores están el belga Siebe Vanhee en julio de 2020 y su compatriota Seb Berthe, en septiembre de 2023, que fue el primero en resolverla en el día.

«*Orbayu* es nuestra niña bonita», admite Eneko, «tenemos otras vías que igual son mejores, pero están en sitios remotos difíciles de llegar, mientras que *Orbayu* es muy accesible. Aún hoy, tantos años después de su apertura, sigue en el circuito internacional de máxima dificultad». Es precisamente esto con lo que ellos soñaban cuando entraron en la escena de la escalada: «Cuando nosotros llegamos, lo que se llevaba era hacer las primeras españolas en otras vías de fuera, y vimos que teníamos que romper con esto, queríamos intentar hacer primeras ascensiones de nivel internacional, y que fueran otros los que vinieran a hacer sus "primeras nacionales" a nuestras vías, y esto es algo que hemos conseguido con *Orbayu*».

Continuidad garantizada

Ante la abundancia actual de escaladores deportivos muy fuertes, de los que pocos llegan a las paredes, opina que «puede que haya menos escaladores que se dediquen a este tipo de escalada, pero a la vez en general hay muchos más escaladores en todas las disciplinas, por lo que seguro que va a seguir habiendo algunos que evolucionan a la escalada de dificultad en las paredes. De hecho ya está llegando gente que venía de la competición y esto va a seguir ocurriendo». En la cercana Peña Santa los Pou han sumado otras dos escaladas punteras: *Rayu* (600 m, 8c) con Kico Cerdá en 2020, y la futurista *Truenu* (600 m, 9a/+?) en octubre de 2024, todavía con un tramo pendiente de liberar. Y tienen claro que seguirán volviendo al Picu: «Es nuestra montaña, la que nos ha marcado gran parte de nuestra carrera».

Iker en el largo clave de *Orbayu* (8c), durante su apertura y liberación en 2009. Le pedimos a Eneko que nos seleccione su vía favorita del Urriellu (sin contar su *Orbayu*) y selecciona cuatro: «La *Rabadá/Navarro* porque es un pedazo de historia, una vía futurista; la *Murciana* porque es una obra maestra, una gran clásica; el *Pilar del Cantábrico* porque tiene un carácter excepcional, siguiendo una línea muy pura; y *Soy un hombre nuevo*, de las más recomendables de escalada libre».

«Nosotros también deberíamos cambiar»

Fuerte representante de la escalada libre en los noventa, el asturiano Jesús Wensell es un gran conocedor del Urriellu, con actividades destacadas como la primera repetición en solitario y en invierno a la *Directísima* en 1994, o la repetición de la *Sabadell* ese mismo año. Ya por entonces Wensell había escalado el Picu por más de una treintena de itinerarios distintos, y no ha dejado de acudir con el paso de los años. Junto al guía de montaña Kico Cerdá traza en 2012 una de las últimas grandes líneas de la montaña, *El norte oculto*, aplicando una mentalidad moderna de la escalada, y en agosto de 2019, realiza con el mismo compañero la liberación de la vía *Ópera vertical* de la cara oeste, restaurada poco antes.

Parecía que no había ya lugar para más vías en el Picu, pero encontrasteis una muy buena línea con *El norte oculto*, ¿cómo fue aquello?
Para trazar una nueva vía en cualquier montaña es imprescindible conocer las rutas ya existentes y así evitar interferir con estas. Hacía un tiempo

que yo ya había echado el ojo a esa línea virtual en el pilar noroeste y, durante una escalada con Kico a *Gorilas en la niebla*, pudimos estudiar el trazado y las posibilidades de escalada libre de la línea. Quedamos convencidos de su lógica y de que era necesario dar vida a esa ruta que había permanecido escondida hasta el momento, camuflada en la roca caliza, y que El Picu quiso mostrarnos precisamente a nosotros. El nombre, *El norte oculto*, hace referencia a esa circunstancia.

¿Cuáles son tus primeros, y tus últimos recuerdos escalando en el Picu?
Subí al Urriellu por primera vez en 1985, con mi hermano y tres amigos más del grupo de montaña. Tenía 17 años y escalaba desde hacía unos meses. Tras una penosa ascensión desde las Vegas de Sotres por el Valle Las Moñetas, nos asomamos a la Jorcada Bonita. Desde allí, la cara sur del Picu resulta imponente y eso, unido al cansancio que llevábamos, hizo que nos temblaran un poco las piernas. Pero subimos bien, sin

problemas. La segunda vez, dos años después, subí y bajé sin cuerda. La última fue el año pasado, tras escalar en libre *Ópera vertical* con Kico. Creo que tuve una gran suerte al conocer El Picu y escalar en sus paredes en la segunda mitad de los 80 y en los 90, cuando las grandes aperturas eran aún recientes y en la Vega Urriellu se respiraba un clima muy distinto al de ahora. Cuando bastaba una línea dibujada en una servilleta y un puñado de empotradores excéntricos para embarcarte en una vía. Cuando un buril oxidado era el mejor seguro que podías encontrar. Cuando, como las rocas o los rebecos, la amistad era un elemento más de la vega... Desde luego, todo eso dejó su impronta en mi forma de escalar.

En la restauración de *Ópera vertical* se esforzaron por que la vía mantuviera su carácter. ¿Crees que debe ser ese el criterio a seguir?
Eduardo González y Kico Cerdá restauraron la vía siguiendo los parámetros establecidos por el Comité de Escalada, así que su trabajo está perfectamente avalado. De todos modos, aunque el número de anclajes fijos se haya respetado, resulta innegable que sustituir tornillos de 7x20 mm de 36 años de antigüedad por parabolts inoxidables 10x70 mm sí cambia el carácter de la vía. Hace un año te podías matar simplemente por colgarte de una reunión y ahora ese peligro ya no existe. Por tanto, la vía ha cambiado. Ahora bien, precisamente por eso,

FOTOS: COL. JESÚS WENSELL

En la página izquierda, Jesús Wensell, y en esta página Kiko Cerdá, en dos momentos de su apertura y liberación de *El norte oculto*, que realizaron en el verano de 2012. Abajo, Kico con el material que retiraron de *Ópera vertical* durante su restauración en julio de 2019 (poco después Wensell y Kico hicieron la primera en libre, con largos de hasta 7b).

restauración es estudiado meticulosamente y es siempre fruto del consenso.

¿Está ya agotada la evolución en la pared? ¿Cómo ves el futuro de la escalada aquí?

Si queremos seguir buscando un poco de aventura somos nosotros quienes tenemos que evolucionar. Pero soy un poco pesimista al respecto. Hace tiempo que pienso que cada vez escalamos peor. Hablo en conjunto, en general. Por supuesto que existe una élite de escaladores que ha subido el nivel de una manera increíble en todas las disciplinas. Pero, paralelamente, una gran masa de personas escala sin saber realmente lo que se trae entre manos, con grave riesgo de accidente. Y ello ejerce muchísima presión sobre la montaña. La tendencia aquí, como en todas partes, es adaptar la montaña al hombre y no al revés, como sería lo ideal.

En particular en El Picu, a pesar de la mejora de los materiales y de las técnicas de entrenamiento, la mayoría de cordadas escalan las clásicas *Rabadá/Navarro*, *Murciana* o *Leiva*, como hace treinta años, sin plantearse siquiera escalar en libre. Después de abrir *El norte oculto*, un especialista de la escalada artificial mostró sus ganas de repetirla y me preguntó si era posible superar el largo de 7c+ clavando o con plomos… Me quedé perplejo porque eso es no entender nada.

Afortunadamente, también hay motivos para la esperanza, pues cada vez son más las cordadas de jóvenes valores que asumen el compromiso que la escalada libre en pared propone: un escalador ha "hecho" una vía solamente cuando ha logrado encadenar en libre todos los largos en el mismo ataque del suelo a la cima, bien escalando toda la ruta de primero (si se tiene la suerte de ser profesional o de disponer de un asegurador a tiempo completo), bien de forma más tradicional y romántica, en estilo cordada). Espero y deseo que ese sea el ejemplo que predomine en el futuro.

¿Qué le dirías a un joven escalador que se va a estrenar en esta pared?

Si te refieres a la cara oeste, le diría que la vía imprescindible es, sin lugar a dudas, la *Rabadá/Navarro*. Todas las demás emanan de ella. Escalar la *Rabadá/Navarro* y tomar conciencia de cómo se abrió y lo que significó en 1962 es una lección de Historia y de humildad. Conocer y respetar el legado de quienes nos precedieron es el primer paso hacia el respeto a la montaña y el conocimiento de nuestro lugar en el mundo.

nosotros también deberíamos cambiar, a la par que la ruta. Tras la restauración, resulta totalmente anacrónico plantearse siquiera subir por *Ópera Vertical* con clavos, plomos y demás parafernalia de artificial que daña la roca. Un absoluto atraso. Casi 40 años después de su apertura, ¿acaso no tenemos mejores pies de gato? ¿Cuerdas y materiales más ligeros? ¿Modernos empotradores de levas flexibles? Pues usemos todo ello y aceptemos el reto de escalar de forma más limpia y respetuosa con la roca.

¿Los reequipamientos se están realizando bien o crees que hay un cierto descontrol?

La Federación de Deportes de Montaña del Principado de Asturias (FEMPA), en coordinación con la Dirección del Parque Nacional, está llevando a cabo una admirable labor desde hace ya bastantes años. La FEMPA no utiliza la palabra "reequipamiento" sino "restauración", ya que el objetivo es intentar devolver la ruta seleccionada a un estado lo más parecido posible al momento de la apertura. Ello implica no solo la sustitución con material moderno de los viejos anclajes fijos, sino también la retirada de elementos añadidos por el paso de cordadas que puedan desvirtuar el carácter de la vía.

El punto de partida básico consiste en utilizar únicamente material inoxidable y en sustituir buril viejo por parabolt de 10 mm de diámetro, sin añadir seguros a los previamente existentes. Esta premisa, válida como regla general, se debilita, en mi opinión, cuando se trata de largos de escalada artificial y, particularmente, en las "buriladas". En estos casos, creo que se debería introducir algún matiz a la norma.

También se intenta evitar ese "descontrol" que mencionas, que aparece en forma de iniciativas individuales, algunas bienintencionadas y otras con intereses más espurios. Cada proyecto de

Últimas líneas del siglo XXI

Juan Carlos Guichot 'Papila' en la cumbre tras abrir *Hedonista* con Alberto Sepúlveda en 2000, y debajo ambos ya descansando en su tienda en Vega Urriellu. Debajo, José Martín Anaya, y a la derecha Ramón Pérez, cuando abrieron su *Gorilas en la niebla* en 2010. Página derecha, Albert Salvadó en el L3 de la *Simó*, que abrió en el verano de 2021 con Esther Sabadell.

APERTURAS Y LIBERACIONES

Ya prácticamente agotadas las posibilidades de aperturas en el Urriellu, son pocas las vías que se añaden en este nuevo siglo XXI. Abre la década el trazado de *Hedonista* a cargo de los madrileños Juan Carlos Guichot 'Papila' y Alberto Sepúlveda que, del 17 al 19 de julio del año 2000, recorren en libre el muro noroeste. Esta es la pared que quedaba por explotar y donde se realizan la mayoría de aperturas de esta nueva época. La abren enteramente en libre, con dificultades de hasta 6c, una mentalidad que será la que se impone en estos años, con contadas excepciones como la de Jaume Clotet 'Paca', que en 2002 se monta su particular fiesta (*La festa del Paca*) surcando en solitario el filo suroeste en artificial durante cinco días (9 al 13 de agosto), en los que baja a

COL. JOSÉ ANAYA

FOTOS: COL. JUAN CARLOS GUICHOT

COL. JOSÉ ANAYA

abastecerse al refugio. Cuenta con largos aéreos y es hoy una de las vías más repetidas de artificial asequible. Como nos contó Paca, el nombre de sus "festas" viene por una buena que lió en el pueblo de L'Estall –junto a las paredes de Montrebei– en 1998, coincidiendo con su cumpleaños y como homenaje a Santiago Domingo, último habitante de aquella aldea hoy abandonada, que festejó con ellos hasta más allá de la madrugada.

Además de la icónica *Orbayu* de los Pou y de las ya mencionadas líneas de Andrés Villar, las siguientes tres vías del Urriellu recorren la pared noroeste. En el verano de 2010, José Martín Anaya, Ramón Pérez de Ayala y Jorge Ferrero, con la característica meteorología del Picu, trazan *Gorilas en la niebla* que, según dejan constancia, conciben «para apurar la escalada libre y no tener que usar clavos en los tramos de posible escalada artificial», dejando una línea de compromiso con un equipamiento exiguo, de hasta 6c en libre y algún punto de A1, que Iker Pou se encarga de resolver al año siguiente transformándolos en 7b+. En el verano de 2012 se abre *El norte oculto*, por Kiko Cerdá y Jesús Wensell.

En 2013 un equipo formado por Jesús Olivera, Chiru, Salvador Muñoz y Óscar Cacho (este último gran escalador y profesional del rescate, fallecido en 2018 en un accidente con traje de alas en el pirenaico valle de Chistau), surcan *La reina fortuna* en 2013, igualmente en la cara noroeste. Una exigente vía con dificultades de hasta 7b, que resuelven enteramente en libre y dejan equipada con parabolts de 10 mm y clavos, además de reuniones rapelables.

Otras tres en el último lustro

Probablemente la falta de espacio libre en el querido Picu disuade a aspirantes a nuevas aperturas, que sacian su sed de crear en otras de las muchas paredes que aún conservan roca virgen en la cordillera, eso sí, normalmente a cambio de aproximaciones más largas e incómodas. Pasan los años, pandemia de la Covid mediante, hasta que en el verano de 2021 varios ojos vuelven a posarse en la pared noroeste, la más accesible desde el refugio.

En el mes de julio, Albert Salvadó y Esther Sabadell acuden al Naranjo a escalar varias rutas, y entre ellas repiten *Esto no es Hawai*, visualizando a su derecha «unas placas de roca perfecta llena de formas que gritan "escálame"...», según escribe Albert en su blog (*albertganxets.blogspot.com*). Y, efectivamente, el día 24 de ese mismo mes vuelven a por la línea que habían visto, armados de friends, clavos y chapas inox, e invierten dos días en abrir, depurar y arreglar los largos. El resultado es la vía *Simó*, «una línea bastante atractiva que mejorará con las repeticiones, parcialmente equipada en las placas y limpia en las fisuras», describe Ganxets.

FOTOS: J.CARLOS GUICHOT

Arriba, Marcos González, compañero de Juan Carlos Guichot 'Papila' en la apertura de *Navajuelos*, en el verano de 2021. Abajo, la llave que dejó en una reunión para futuros repetidores de esta vía; y a su derecha, Sergio (guarda del refugio de la Terenosa), Tino (compañero de aperturas), Vicente (arriero) y Papila, celebrando la cumbre a la bajada.

También Juan Carlos Guichot 'Papila', asiduo de la Vega del Urriellu, llevaba un tiempo observando los espacios libres de esta zona, así que ese mismo verano de 2021 se lanza al ataque. En primer lugar, los días 12 y 13 de agosto traza junto a Óscar Ponce la que bautizan *El último punk*, que va a buscar un pilar que le llamaba desde abajo. Y unos días después, el 22 de ese mes de nuevo con Óscar, comienzan la apertura de la *Krausista*, más a la izquierda de la anterior, que finaliza un día después con Alberto Rossi. Esta es algo más corta y pasa a ser una de las opciones más rápidas para subir al hombro noroeste desde el refugio.

Pero, milagrosamente, Papila todavía es capaz de ver un hueco en la parte superior de la pared norte. Para acometerlo, tuvo muy en cuenta lo que se acordó en el «Encuentro de escaladores/aperturistas del Picu Urriellu», celebrado en Cabrales en octubre de 2021. En el mismo, se consensuaron unas recomendaciones para la apertura de nuevas vías, como son el mantenimiento de distancia mínima entre las vías, no cruzar vías ya existentes, que no se compartan tramos, colocar el mínimo posible de anclajes fijos y, si se ponen, que fueran del mejor material del momento. Además de respetar estas directrices, Papila asegura que se informó bien de que el destacado pilar que había visualizado por la cara norte estuviera virgen; algo realmente sorprendente en estos tiempos.

Su intención era abrir una segunda parte para darle continuidad a *El último punk*, finalizando de esta forma en la cumbre con un recorrido total de casi 800 metros. Partiendo por tanto desde el hombro, en noviembre de 2023 inició la apertura con Marcos González como compañero. En aquella ocasión pudieron abrir solo dos largos (en los que dejaron instalados algunos clavos), pues el mal tiempo les hizo aplazar el trabajo restante.

La vía quedó bautizada como *Navajuelos*, en honor a la pradera homónima de su querida Pedriza. Volvió de nuevo con Marcos en julio de 2024 a intentar rematar la faena, pero el frío –unido a otros compromisos personales– les hizo desistir. Unas semanas después, ya con las temperaturas más benignas de agosto, Papila volvió, esta vez con Faust Girat 'Tino'. Tras ascender hasta el hombro y volver a recorrer los largos ya abiertos, continuaron la apertura, encontrando «una de las fisuras más bonitas que he visto en caliza, inmejorable y vertical, para meter friends al gusto», cuenta Papila. Remataron los largos superiores y llegaron a la cumbre ya de noche. Y un detalle: en una de las reuniones, Papila dejó una llave antigua y se compromete «a quien me devuelva la llave o me mande una foto, le invitaré a una cerveza». Dicho queda.

A pesar de la larga jornada, al día siguiente Papila no pudo negarse a volver a subir por la *Sur* con el arriero Vicente Tolosa y con Sergio, guarda del refugio de la Terenosa, que nunca habían estado en la cumbre del Picu y a quienes había prometido esta escalada. «Fue precioso compartir esos momentos de amistad en un lugar como este», asegura Papila.

Liberaciones recientes y próximos retos

Definitivamente parecen agotadas las posibilidades de nuevas líneas en el Urriellu, dejando para las nuevas generaciones otros retos, como es el de forzar en libre las vías que en su momento se abrieron en artificial. Sin duda la liberación más sonada de las últimas décadas fue la protagonizada por Álex Huber y Fabian Buhl a la vía *Sueños de invierno*, que realizaron en 2016. Esta línea, sin embargo, se ha visto envuelta en los últimos tiempos en una polémica surgida por un intento de reequipamiento y su posterior restauración, devolviéndola a su estado original, en la que profundizamos en las siguientes páginas.

Ese mismo 2016 fue también el año de la liberación de *Marejada fuerza 6*, a cargo de Iker y Eneko Pou y Neus Colom, que transformaron el largo de A4 en 8a+, como ha quedado reflejado en el artículo de los hermanos alaveses. Una escalada expuesta que, desde entonces, no ha vuelto a ser repetida en libre e igualmente cuenta con pocas repeticiones en artificial, desde que Juanjo Cano e Iñaki Castillas hicieron la primera repetición, 27 años después de su apertura.

Otra de las últimas liberaciones de la cara oeste ha sido la de la vía *Revelación*, abierta por los cuatro hermanos murcianos –Miguel Ángel, José Luis, Juan Carlos y Javier García Gallego–, que realizaron en 1981 sin usar expansivos. La cordada formada por los guías de montaña Jesús Ibarz y Pablo Ruiz consiguió escalarla en libre en septiembre de 2017, sin utilizar clavos, transformando el A4 en 7b+ , y dejando constancia en la reseña que era una «magnífica vía para disfrutar de la escalada en libre con mucha autoprotección». Un año después, el también guía Javi Guzmán realizó la primera repetición, escalándola en el día.

En cuanto a las vías que aún no se han escalado en libre en el Urriellu –que mantienen el estilo artificial con el que se abrieron– encontramos rutas como *Principado de Asturias*, *Tramuntana*, *Solo al viento* o *Vivencias en solitario*. Según nos explica Víctor Sánchez, gran conocedor del Picu: «Son todas vías de artificial muy exigente, sobre todo las

dos primeras creo que por el carácter que tienen son las que más imponen. Quizá para escalar en libre sea *Vivencias en solitario* la más mantenida, pero su principal dificultad es su gran exposición, con muy pocos seguros; para cualquiera de ellas necesitas ser un escalador muy completo».

Por otro lado, las vías más duras –como la emblemática *Orbayu*– de momento no se han escalado nunca a vista. Así que los jóvenes ambiciosos pueden estar tranquilos: desafíos en los que medir sus fuerzas y templar su ego no les faltan.

Papila abriendo *Navajuelos*, en la cara norte. Abajo, Jesús Ibarz en la primera en libre de *Revelación*, que protagonizó con Pablo Ruiz en septiembre de 2017.

MARCOS GONZÁLEZ

COL JESÚS IBARZ

Restauraciones y reequipamientos

Abajo, taladrando durante la restauración de la *Leiva*; imagen de un buril antiguo frente a un seguro de expansión nuevo; y debajo de uno de los anclajes tipo "P", no homologado, que fue instalado sin consenso en una de las vías del Picu, posteriormente retirado por el comité de Equipamiento.

CUESTIONES DE ÉTICA

No podemos olvidarnos que el Urriellu se encuentra dentro del Parque Nacional de Picos de Europa (PNEP), que fue el primer parque nacional de España (declarado en 1918, originalmente Parque Nacional de la Montaña de Covadonga, ampliado en 1995 hacia los macizos central y oriental, adoptando su nombre actual), una figura de protección que condiciona las actividades permitidas dentro de él. El PNPE, carente de una sección dedicada a los deportes de montaña y escalada, delega este trabajo y su responsabilidad a la federación local correspondiente, que en el caso del Urriellu es la FEMPA (Federación de Deportes de Montaña del Principado de Asturias), por encontrarse dentro de sus límites provinciales.

El Comité de Equipamiento de Picos

Desde el año 1996, la FEMPA lleva realizando diferentes reuniones con el colectivo escalador que de manera activa escala y abre vías en los Picos de Europa, con el fin de fijar unas directrices a la hora de la restauración de vías antiguas, así como de futuras aperturas, siempre en defensa y fomento de la ética y escalada local, además del cuidado y respeto de la montaña. Tras muchos trabajos realizados, y ante la entrada de la nueva ley del Parque Nacional, que en un inicio amenazaba con la posibilidad de prohibir nuevas aperturas de vías y con el cierre de zonas, se decidió formar de manera provisional un comité que

pudiese asesorar e informar al PNPE, contando con el respaldo de la Guardia Civil (GREIM) y del propio Parque Nacional.

Así, hace unos diez años se forma un grupo compuesto por técnicos deportivos de escalada en roca y alta montaña a escaladores y aperturistas con mucha experiencia y numerosas vías abiertas, grandes conocedores de la escalada en la Cordillera Cantábrica y Picos de Europa, y con representación de las tres federaciones (Asturias, Cantabria y Castilla y León).

Gracias a las distintas actuaciones realizadas, se logró que el Parque Nacional tenga en cuenta el consejo del comité, evitando con ello que prohíban nuevas aperturas, así como el cierre de zonas donde hay pájaros o nidificaciones, en favor a una regulación. Todavía no está aprobado el nuevo PRUG (Plan Rector de Uso y Gestión) del Parque Nacional, si bien ya se aplica el criterio a seguir de no restaurar vías o anclajes sin el permiso del comité, el cual sigue trabajando de manera activa en asesoramiento técnico cuando el PNPE lo solicita.

Una de las personas que ha jugado un papel destacado en todos estos trabajos es Eduardo de Deus, activo aperturista de la Cordillera Cantábrica, quien colaboró en 1996 en la restauración de los rápeles de la *Murciana*, así como de la *Sur* y de la *Espejismos de Verano*, que fueron de las primeras vías en ser restauradas. Según explica Eduardo –dedicado a la formación y divulgación de la escalada, desde su temprana jubilación de la minería– desde el principio quedó claro la necesidad de buscar un consenso. Desde el año 2000 asumió la función de coordinar los trabajos de restauración, tanto en el Urriellu como en otros lugares de Picos. Recuerda que en las primeras actuaciones «vinieron a colaborar los bomberos de Asturias, así como escaladores gallegos, cántabros, vascos y de Castilla y León». En solo tres días consiguieron restaurar un total de nueve vías, repartidas entre las distintas caras.

El criterio a seguir es el de dejar las vías lo más parecido posible a su estado original, si bien esto no solo implica cambiar los anclajes viejos por nuevos, sino que cada actuación requiere un estudio previo y una toma de decisiones, como matiza Eduardo: «Depende mucho de la vía y del concepto, no hay una receta única».

Lo que sí tiene claro es que en general las vías, y más especialmente las rutas históricas, forman parte del patrimonio de la escalada, y ni siquiera los propios aperturistas tienen potestad exclusiva sobre ellas. Eduardo suma unas 200 vías abiertas en todo Picos, y afirma: «No son mías. Uno no puede por ejemplo añadir anclajes en sus vías porque ha pasado el tiempo y ahora ya no las puede hacer, o al contrario. Las vías pertenecen al colectivo, y las actuaciones han de hacerse por consenso». Como

FOTOS: COL. EDUARDO DE DEUS

ejemplo, cita un caso que ocurrió hace unos años en la vía *Cepeda*, que la persona que se puso a reequiparla decidió incluso taladrar la roca para crear puentes de roca, y meter unas "P" nuevas, sin cambiar algunos de los clavos antiguos. El comité decidió entonces retirar lo que había añadido y sellar los agujeros.

«También hay que tener visión de futuro y adaptarse. Por ejemplo, en su origen los rápeles de la Sur no existían, evidentemente eso tuvo que cambiar por el volumen de gente que va. Y, de la misma forma, se añadieron rápeles en otras vías que antes no tenían nada», reconoce Eduardo, que insiste en la necesidad de consenso como principal requisito para cualquier actuación. También opina que la roca del Naranjo está definitivamente agotada: «Hay muchos otros lugares por Picos con espacio de sobra, aquí ya no caben. Ahora abrir una vía en el Urriellu es por egocentrismo».

Desde hace un par de años, el relevo al frente del comité lo ha tomado Salvador Muñoz, que es además el vocal de escalada y alpinismo de la FEMPA. Aunque reconoce que ahora el comité no está tan activo como en la época de Eduardo –cuando celebraban reuniones periódicas para poner en común propuestas y actuaciones– los criterios a seguir no han cambiado. Con todo, le ha tocado jugar un papel importante en la polémica surgida el verano pasado en torno a la vía *Sueños de invierno*, que abordamos a continuación.

Sueños de invierno, una vía histórica

Como ya se ha relatado en las páginas previas, la vía *Sueños de invierno* fue abierta por los murcianos José Luis García Gallego y Miguel Díez Vives en el invierno de 1983, durante una mediática actividad en la que invirtieron 69 días soportando frío intenso.

La primera repetición de la vía llegó al verano siguiente, en agosto de 1984 por el local Tito Claudio, con los catalanes Joaquín Olmo y Albert Merino que llegaron dispuestos a "derribar el mito". La acometieron con muy poca información previa (los aperturistas no hicieron croquis) y, según escribieron en su artículo (revista *Desnivel* nº19), la encontraron prácticamente limpia, especialmente el largo antes de la repisa Rocasolano. La segunda repetición tardó diez años, en agosto de 1993, por Fito Santamaría y Rafa Escandón. Hubo después algún intento, como el de Jaume Clotet 'Paca' en el verano de 1995, que consigue llegar a la R4 y se baja desde ahí. Parece que hubo algún otro intento más, aunque igual solo son rumores. La primera repetición invernal se la llevó la cordada francesa de Stéphane Benoist y Jeróme Thinières en enero de 1998 (*Desnivel* nº 174). La siguiente conocida es la de una expedición rusa, liderada por Atatoly Moshnikov, en febrero de 2001, que describieron como «un viaje épico». Otras cordadas la han repetido en artificial desde entonces, aunque no tantas.

Con la evolución de los materiales, llegaron también algunas tentativas para llevarse la primera ascensión en libre. En 2011, el polaco Adam Pustelnik

«Ha sido una aventura, no es tanto la dificultad pura. Esta vía tiene una protección precaria, es una línea mítica y extraordinaria a causa del estilo en el que se abrió. Los aperturistas fueron unos pioneros», contó Alex Huber tras su liberación de *Sueños de invierno*, que hizo con Fabian Buhl en septiembre de 2016.

FOTOS: JOSÉ LUIS GARCÍA GALLEGO

Arriba y a la derecha, dos momentos de la apertura de *Sueños de invierno*, en 1983, en las que se puede apreciar la dureza de las condiciones invernales (y los múltiples reenvíos en la reunión), con la icónica imagen de José Luis asomando de la hamaca de la que cuelgan chupones de hielo.

–poco después de haber realizado la segunda repetición de la *Orbayu*– empezó su escalada, pero tuvo una muy mala caída en el primer largo, aterrizando en el suelo tras arrancar todas las protecciones que había instalado.

Sin amedrentarse por esos precedentes, los alemanes Alex Huber y Fabian Buhl resuelven este reto pendiente. En su primer intento no les dio tiempo a culminar la escalada, así que el 25 de septiembre volvieron dispuestos escalar todos los largos en libre desde abajo y del tirón. Para ello, no añadieron ningún seguro a los existentes, la mayoría vestigios del artificial, escalando en libre en ocasiones largas tiradas dejando a modo de "seguro" una uña fijada al agujero con esparadrapo. Cotaron de 8a el largo más difícil, pero afirman que otros largos de séptimo les habían costado más por la exposición y la precariedad de los seguros. La escalaron en 9 horas y comentaron que «las posteriores cordadas podrán rebajar este horario».

Este encadenamiento, que desde entonces sobresalió como uno de los más duros del Picu, impactó al joven escalador madrileño Javi Guzmán, que justo había coincidido con la cordada alemana al pie de la

pared. Desde entonces quedó en su mente como un sueño futuro que no olvidaría. Para ello, fue ganando experiencia, lo que incluyó una repetición en artificial a la vía, que realizó en septiembre de 2022, junto a Saúl Marcos y Sophie Schlemermeyer. Su intención, además de repetir ese pedazo de historia de la escalada, era estudiar la vía para valorar si estaba capacitado para escalarla en libre. Le vio color, así que siguió alimentando el sueño hasta que en el verano de 2024 se sintió preparado para afrontarlo, junto a su compañero Carlos Rubio.

El proyecto creció con la idea de filmar una película para la escalada. Javi era consciente de la precariedad de algunas reuniones, así que decidió que, para poder llevar a cabo su objetivo de repetirla en libre y además filmarla, necesitaría renovar los seguros de unas reuniones. Antes de meterse en faena, hizo una llamada telefónica a José Luis García Gallego quien –según interpretó Javi Guzmán– dio el visto para la restauración, «comprometiéndome a dejar la vía lo más parecido posible a su estado original», como escribió Javi.

Tras esa conversación, y después de haber intercambiado opiniones e información también con el mismo Alex Huber –a quien fue a visitar en su casa–, la cordada de Javi y Carlos entendió que no necesitaba el permiso de nadie más para llevar a cabo su plan. Así que, en el mes de agosto de 2024, se metieron en la vía con el taladro, dispuestos a cambiar los oxidados buriles por modernos parabolts.

Cuando el eco del taladro se escuchó en el refugio, saltaron las alarmas. El comité que, como hemos visto, es el organismo delegado por el Parque Nacional para autorizar y coordinar las restauraciones, desconocía por completo este proyecto. En la misma Vega del Urriellu se encontraban pesonas vinculadas al comité, que interpelaron a la cordada –en un tono poco amable, según manifestaron los aludidos– acusándoles de haberse saltado las reglas (no escritas) de consulta previa al comité.

Al ser informado, el comité procedió a ponerse en contacto con la cordada, reclamándole información sobre lo que estaba realizando en esa histórica ruta. Según aseguró Javi posteriormente, esta consulta previa no la habían realizado porque desconocían por completo su existencia. Tras este primer aviso, Javi se comprometió a llamarles al día siguiente para ofrecerles todos los detalles de su actuación. Sin embargo, esa llamada no se produjo, una demora que Javi justifica: «Fue una semana de mucho movimiento y, como cualquiera que viva de la montaña sabe, a veces la logística y el día a día te desbordan. Pero no hubo intención de demora ni de evitar el contacto, simplemente lo hice en el primer momento en que tuve la oportunidad de sentarme y atenderlo como merecía».

A la FEMPA no le sentó bien este silencio en un asunto que consideraban fundamental –y mientras el

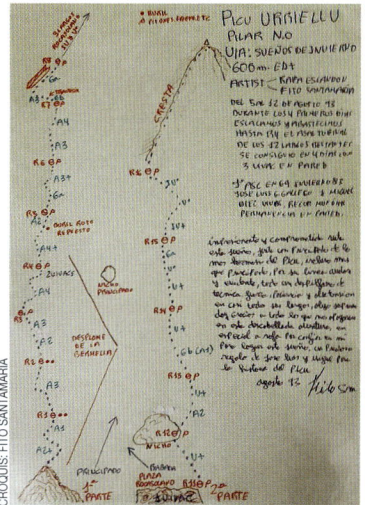
CROQUIS: FITO SANTAMARÍA

CROQUIS: JEROME THINIER

COL: TITO CLAUDIO

taladro seguía resonando en el Picu– así que, después de tres días sin recibir respuesta, el 10 de septiembre emitió un comunicado exponiendo que no estaba de acuerdo con las formas ni los fondos de esta actuación, instando a los escaladores a retirar todo el material instalado en la vía y a dejarla como la encontraron. En una primera versión del escrito incluyeron el nombre y apellido de Javi Guzmán, personalizando la acusación, si bien luego lo eliminaron. En opinión de la cordada, el tono acusatorio y personalizado de este comunicado hizo que las conversaciones partieran con tensión desde el inicio. Además, los insultos vertidos desde el anonimato de las redes sociales, sin prueba alguna, contribuyeron a caldear el ambiente.

A partir de ese momento la FEMPA inicia investigaciones acerca de la historia de la vía, hablando con aperturistas y repetidores y examinando los croquis tanto de las primeras repeticiones como de posteriores, especialmente un detallado croquis de Fito Santamaría en el que únicamente constan 5 buriles fijos.

Cualquiera que se ponga a investigar un poco sobre la historia de la vía puede comprobar que, con las repeticiones e intentos, la vía había ido modificando su carácter con el añadido de nuevos seguros (especialmente espits, usados en los años 90). Al preguntar directamente a los implicados, es difícil que ninguno de ellos admita abiertamente haber instalado expansiones, si bien en el topo de los franceses ya se contabilizan unos 30 seguros fijos, entre espits y buriles.

Volviendo al verano de 2024, después de un mes del inicio de las conversaciones, en un correo electrónico privado, Javi detalla a la FEMPA su actuación. Explica que han renovado únicamente las reuniones, con entre uno y tres seguros de expansión en cada reunión, instalando un total de 19 seguros nuevos.

A principios de octubre Salvador Muñoz, como vocal de escalada de la FEMPA, convoca a una reunión para debatir sobre el futuro de la vía en la que involucra tanto a aperturistas y repetidores de la vía como a escaladores vinculados a las restauraciones y la historia del Picu desde hace décadas. Todos coinciden en que la vía ha de ser restaurada dejando el mismo número de anclajes fijos que tenía en su origen.

Parece que es posible llegar a un acuerdo y, con esta idea, la FEMPA se pone en contacto con la cordada para comunicarles la decisión tomada de restau-

Arriba, croquis de Fito Santamaría tras hacer la segunda repetición de *Sueños de invierno* (1993) y a su derecha, croquis de la cordada francesa de Stéphan Benoist y Jerôme Thinièrs, responsable de la tercera repetición (y primera repetición invernal), en 1998. Debajo, Joaquín Olmo en el largo de A4+ (sin ninguna expansión) durante la primera repetición, que hizo con Albert Merino y Tito Claudio en 1984.

COL. JAVI GUZMÁN

Arriba, Javi Guzmán durante su primera ascensión a *Sueños de invierno*, que hizo en artificial en el verano de 2022 con Saúl Marcos, ya por entonces con la idea de examinarla para intentar escalarla en libre algún día.

rar la vía a su estado original y coordinar una posible actuación conjunta. Le traslada la decisión telefónicamente y la cordada aporta sugerencias acerca de la conveniencia de reforzar dos reuniones clave con otros dos parabolts; algo que se acepta dado su conocimiento de primera mano de la ruta. Le envían de esta forma el plan de actuación sobre la vía por correo electrónico el 7 de octubre. Es una propuesta conciliadora, en la que parece que será posible acometer la restauración conjunta de la vía con ese acuerdo. El equipo escalador se compromete a estudiar la propuesta antes de responder. Sin embargo, otra vez su respuesta tarda en llegar.

El 23 de octubre la FEMPA recibe noticias de que la cordada ha vuelto a su trabajo en la vía, sin que se hayan puesto en contacto con ellos, ignorando sus mensaje, por lo que el 24 de octubre emite un segundo comunicado en el que les acusa de «no respetar los consensos de escaladores y aperturistas, y peor aún, el patrimonio histórico que representan vías tan emblemáticas como *Sueños de Invierno*».

Javi de nuevo justifica su falta de respuesta en este caso: «Realmente no "volvimos" al proyecto, porque nunca nos fuimos. Era un trabajo de años, y en ningún momento se acordó que debíamos parar de escalar allí. La vía no estaba en cuarentena, y nadie nos pidió dejar de progresar. Lo que sí estaba claro es que el objetivo era que el encadenamiento final se hiciera con las instalaciones definitivas, pero hasta llegar a ese punto había mucho que adelantar. Fue

un año de meteo espantosa, y cada ventana de buen tiempo había que aprovecharla al máximo. El tema de los anclajes podía resolverse en cualquier momento, mientras que la progresión en la pared requería esa inmediatez».

La explicación pública de la cordada no llegó hasta el 29 de octubre, en un escrito firmado por Javi Guzmán y publicado en desnivel.com. En este texto se reafirma en que únicamente renovaron los seguros de las reuniones, algo que realmente, como vemos en estas mismas páginas, se ha realizado en muchas otras restauraciones. «Nunca ha tenido absolutamente ningún sentido que una reunión de expansivos sea precaria porque ya esté podrida por el paso del tiempo», argumenta Javi. Asegura que está de acuerdo en «mantener lo más intacto posible el espíritu original de las vías, pero teniendo en cuenta "las nuevas artes de escalada en libre"». En este mismo escrito también atacó al comité, calificándolo de «grupo cerrado de amigos» que carecen de autoridad sobre la vía, que habían utilizado su poder para desprestigiarles.

Devuelta a su estado original

En recientes conversaciones de este medio con José Luis García Gallego, este asegura que él nunca dio permiso para una libre actuación total en la vía, sino solo para la renovación de los seguros fijos en mal estado, matizando que se podían instalar parabolts «únicamente donde no se pudieran meter clavos». Es bastante probable que el segundo de los hermanos murcianos –aunque sigue escalando y muy en contacto con el mundo de la escalada tanto personal como laboralmente por su labor en Tenaya, firma fundada por él– desconociera el estado actual de la vía, a la que no regresa desde su apertura. Y es que, como ya hemos explicados, en los más de 50 años que han pasado desde aquel crudo invierno de 1983, la ruta se ha transformado.

El mismo Eduardo de Deus reconoce que a lo largo de los años no se ha tenido en cuenta la evolución en cuanto al añadido de seguros de esta –y otras– vías. En cierto modo, a Javi Guzmán y su equipo les ha tocado levantar la liebre sobre esta situación, sin que realmente ellos hayan sido quienes más han modificado la vía.

Finalmente, este mismo verano (2025) el comité de equipamiento ha procedido a llevar a cabo su plan de restauración, dejando la vía con un total de solo cinco seguros de expansión, tal y como consta en el croquis de Fito. Según argumentan en un comunicado emitido por la FEMA el pasado 27 de junio: «Se había observado un aumento de los anclajes de expansión que, a juicio de muchos escaladores y de la propia FEMPA, alteraban la filosofía y el carácter de esta vía icónica, puesto que la exposición y el arte de la colocación de seguros tanto en los largos como en

RESTAURACIÓN DEL PILAR DEL CANTÁBRICO, EN PRIMERA PERSONA

En agosto de 2022, junto a mi buen amigo Pablo, escalamos el *Pilar del Cantábrico*, ese típico sueño de niño que nunca crees poder lograr. Para Pablo era su segunda o tercera vía de largos, y para mí un reto intentar escalar en libre esta soberbia vía. Sin embargo, en esa escalada también surgió un interés aún mayor al ver el deterioro de gran parte de los seguros de la vía, donde ya faltaban numerosas chapas y muchas otras amenazaban con romperse con solo colgarse de ellas. Creo que no es necesario perder el tiempo en justificar que esta soberbia línea necesitaba un buen lavado de cara; ya eran varios los accidentes ocurridos por la rotura de algún anclaje.

En primer lugar, me puse en contacto con la FEMPA para proponer este proyecto. Una vez que la federación ve viable el trabajo, contactamos con los aperturistas para que nos den su punto de vista. Normalmente nunca surgen problemas, mas bien lo contrario; existe una excelente colaboración y aceptación. Por lo que a mí respecta, agradecer a Sevi –uno de los aperturistas el Pilar– su confianza y sus palabras. Una vez con el beneplácito de los aperturistas, hacemos conjuntamente un trabajo de investigación para intentar tener la reseña más primaria en cuanto al equipamiento con el que se abrió la vía. El objetivo de una restauración no es solo cambiar los anclajes vetustos por nuevos equivalentes a la época, sino devolver el carácter original a las vías, retirando todos los expansivos que se han ido añadiendo a lo largo de los años. Añadir cosas en vías abiertas hace mas de 40 años y con el material que tenemos ahora, me da que pensar en qué dirección tan peligrosa y mediocre va la evolución de la escalada.

El siguiente paso fue debatir qué tipo de anclaje poner. A nuestro favor, yo tenía apuntado más o menos el número de anclajes que hay en la vía tras haberla escalado: más de 140 expansiones, aunes cierto que muchas reuniones tenían hasta 7 buriles. En este aspecto, probablemente sea la restauración más costosa que se haya hecho en Picos. Todos los anclajes utilizados son inoxidables 10 mm. Optamos por una chapa pequeña, discreta, que mejora el aspecto visual respecto a una normal de deportiva. Restaurar también implica limpiar y cuidar la estética de la vía.

En agosto de 2024, casi dos años después de plantear la idea, logro cuadrar con Pablo una semana de agosto. Desde la FEMPA se divulgó por RRSS dichas fechas para evitar juntarnos allí con alguna repetición. En nuestro caso, literalmente dejamos de trabajar durante 15 días por si la cosa se alargaba. Cuando hablo de dejar de trabajar no hablo de vacaciones, sino de dejar de percibir un salario. Para nosotros esto ha sido un proyecto, como para el que viaja a otro continente a escalar una pared. Quizás para algunos esto resulte incomprensible, pero estas cosas simplemente nos gustan.

Antes de comenzar y gracias a la influencia de Salvador Muñoz 'Salvi', el GREIM de Cangas de Onís nos hace un importante porteo de material a la Vega de Urriellu en helicóptero. Igualmente, la guardería del refugio nos permitiría cargar las baterías de los taladros y dejar allí material, puesto que nosotros dormiríamos en un vivac. Reiterar, en contra de ciertos bulos, que a las personas que restauran nadie les paga nada y tampoco lo exigimos.

Nuestra idea era entrar a la vía desde abajo. Lo cómodo sería descolgarnos desde arriba, pero mi idea era volver a escalar en libre los largos para mejorar la ubicación de los seguros pensando en aquellos que escalen en libre, siempre y cuando no afecte a la escalada artifical, ya que no debemos olvidar que es una vía de artificial. Con todo preparado, acometimos la escalada desde abajo –escalando de seguro a seguro para matizar los emplazamientos–. Yo escalaría en cabeza y Pablo jumarearía. La dinámica sería simple. Escalaríamos cuatro o cinco largos, fijaríamos cuerdas y empezaríamos a trabajar. Fuimos sin hamaca, con lo que bajábamos a la Vega a dormir. Como las cuerdas de la FEMPA no llegaron a tiempo y nosotros no podíamos otras fechas, usamos mis cuerdas, donde cabe destacar que, al igual que muchos otros compañeros, no tenemos patrocinadores que nos regalen material. La FEMPA aportó un taladro y el otro lo aporté yo, al igual que brocas y demás material de instalación.

Sin lugar a dudas, lo más duro del trabajo fue tener que romper a maza y cortafríos todos los seguros. Ojalá hubieran sido anclajes de espit, mucho más sencillos de quitar. Alternar esto con escalar en libre los largos fue bastante duro. Primero quitamos el anclaje viejo, tapamos el agujero con un mortero gris, y luego colocamos el anclaje nuevo en el lugar donde íbamos marcando mientras escalábamos. En toda la vía tan solo encontramos 3 espit añadidos, colocados según cremos por escaladores que han probado o escalado la vía en libre para probar ciertos pasos, algo para mí más que cuestionable. Además de chapas, cambiamos varios clavos y un buen puñado de puen-

Arriba, Víctor en la restauración de la *Mediterráneo* (que realizó en 2020). Abajo, Pablo Fernández, su compañero en la reciente restauración del *Pilar del Cantábrico*, retirando los buriles originales de esta vía; y Víctor y Pablo en la cima, tras escalarla por primera vez, en 2022.

tes de roca, muchos de ellos claves, con cordino de aramida y Dyneema de última generación.

Otra cosa que queríamos dejar bien era la ubicación de ciertas reuniones, ya que algunas eran muy incómodas teniendo alguna pequeña repisa bastante cerca. En las reuniones se colocaron tres anclajes. En total invertimos "solo" dos días y medio; eso sí, trabajamos como animales. Un día y medio Pablo y yo juntos, y el otro acabé en solitario la restauración, además de bajar todo el material.

Como siempre que hemos tratado de explicar la ética local en cuanto a estos trabajos, se ha cambiado anclaje viejo por nuevo equivalente a la época e inoxidable, se han retirado todas las expansiones añadidas, cambiado clavos y cordinos, sin nunca añadir ningún seguro expansivo. Como ya ocurrió con otras vías que he restaurado en el Urriellu, tras la restauración se ha repetido con más frecuencia frente a lo que era habitual, algo que justifica con creces la necesidad de estas tareas.

Por último, en el *Pilar del Cantábrico* –al igual que ocurre en alguna otra vía conocida de alta dificultad– queda solucionar el tema de los agarres tallados. Para evitar polémicas y más críticas, hemos dejado esto a un lado, hasta saber qué hacer con algo tan complejo de solucionar. Personalmente, creo que se debieran de tapar y volver a liberar la vía de forma natural, siempre y cuando se tenga claro qué se ha tallado y qué no, ya que muchas veces se confunden clavaderos ya muy deteriorados con agarres tallados.

Víctor SÁNCHEZ

JUAN LUIS GUILLUY

Arriba, Jacobo Ayala en *Gizon Berri Bat Naiz (Soy un hombre nuevo)*, y a la derecha, Olai Zapatero y Guille Ballesteros en *Pilar del Cantábrico*, que escalaron en libre el verano pasado. Estas vías de la cara oeste han sido dos de las restauraciones más recientes, que han visto aumentar el número de cordadas que acuden a disfrutarlas.

las reuniones forman parte de la idiosincrasia de esta ruta». Actualmente la vía solo cuenta con 4 parabolts (dos en la R1 y dos en la R2), así como otro en el L4, además de plomos, puentes de roca y clavos.

Por tanto, su estado actual difiere respecto a la vía que escalaron Huber y Buhl en 2016. Volver a escalarla en libre tal y como se encuentra en la actualidad representa un nuevo reto para las nuevas generaciones.

Por su parte, Salvador Muñoz valora positivamente la actuación y, a pesar del malestar generado por la polémica en la que ha estado envuelta, piensa que puede servir como un modelo de cara al futuro. Un antes y un después para que los escaladores entiendan que el único modo de actuar es a través del consenso –nunca de foma unilateral– y que es necesario respetar el patrimonio de la escalada y salvaguardar los pocos terrenos de aventura que aún nos quedan.

También José Luis, el aperturista, se ha manifestado a favor de la "limpieza" de su vía: «Me parece bien, es un nuevo reto. Yo no entiendo las grandes paredes sin el factor del riesgo, con unas reglas que nos damos todos. Una cosa es la deportiva y otra son las paredes; son juegos diferentes». Recordamos que, además de la *Sueños de invierno*, José Luis también participó junto a sus hermanos en otras grandes vías –la *Murciana*, la *Mediterráneo*, la *Revelación* y la *Almirante*– que hoy siguen siendo grandes referentes del Urriellu.

Incluso Javi Guzmán nos ha transmitido su acuerdo con esta actuación: «Esta experiencia me ha ense-

ñado que, en ocasiones, lo más sano es hablar con objetividad y no con opiniones personales. La Federación tiene la última palabra y han tomado una decisión que debemos respetar. En cierto modo, me alegra que después de más de 40 años se haya hecho una intervención definitiva y clara. El desafío no ha desaparecido, y esa pared seguirá inspirando proyectos y sueños».

Álex Huber: «No es un reto diferente»

Por su parte, Alex Huber confirma que la cordada de Javi y Carlos le pidió consejo antes de escalar en libre la vía, y él se mostró feliz de que alguien más fuera a intentarlo. Se muestra también muy consciente de la necesidad de contactar con la comunidad local antes de acometer cualquier actuación en una vía de estas características. En cuanto al estado en el que ellos encontraron la vía, comenta: «Por lo que recuerdo, la mayoría de las reuniones tenían algún buril y/o espit. En la tercera reunión había unos cinco buriles separados entre sí unos cuantos metros, pero esa reunión nosotros nos la saltamos, pues unimos el L2 con el L3». Asegura que el resto de la vía no tenía seguros de expansión en los largos: «Esto es lo que da a *Sueños de invierno* su encanto y hace que esta vía sea una pieza central en la historia de la escalada. Y, por supuesto, este caracter ha de ser preservado».

En su opinión, la restauración actual de la vía no cambia el carácter de la escalada que ellos afrontaron: «En cuanto a los seguros en las reuniones –no veo ningún problema en montar reuniones sólidas sin expansiones, usando solo clavos– exceptuando la reunión de los de los cinco buriles que nosotros nos saltamos–, pues están todas en terreno con buen relieve. Así que, en este contexto, no creo que sea un reto nuevo. Los escaladores experimentados no necesitan expansiones o buriles aquí».

En líneas generales, valora positivamente la restauración llevada a cabo por el comité: «Es la decisión del comité limpiar las reuniones y, por supuesto, es el comité el que establece las directrices en Picos de Europa. Es algo bueno que este lugar permanezca salvaje».

Restauración del *Pilar del Cantábrico*

Víctor Sánchez está especialmente ligado a Picos de Europa, donde lleva escalando desde que tenía 16 años y donde ha ejercido como guía durante unos 23 años (con un parón de unos años por un grave accidente de escalada que tuvo en 2012, que a punto estuvo de costarle un pie). No solo como escalador, también le unen al lugar lazos de sangre, pues por parte de su abuela, originaria de Bulnes, es descendiente directo del pionero Víctor Martínez, y su abuelo, Cirilo Sánchez, de Caín, fue uno de los primeros guías del macizo Occidental. Entre risas recuerda la primera

FOTOS: JUAN LUIS GUILLUY

Arriba, Juan Luis Guilluy y Fernando Zamora durante la restauración de *Soy un hombre nuevo*. Debajo, buril antiguo junto a parabolt nuevo en la vía *Leiva*; y a la derecha, en los trabajos de restauración de la parte superior de esta vía, el pasado verano. Página derecha, parte del material retirado de la *Mediterráneo* durante su restauración.

vez que subió al Picu, con apenas tres fisureros, embarcándose en el primer largo pero rectificando gracias a las indicaciones de Erik Pérez –una institución entre los guías de Picos– que andaba escalando por la zona y estaba sobre aviso: la señora de la Majada de la Tenerosa andaba diciendo a todo el que pasaba por allí que le echaran un ojo a un chaval con melenas que había ido a escalar ese día, que era su sobrino.

Víctor lleva años vinculado a los reequipamientos del Urriellu, como miembro del comité, llevando a cabo restauraciones de vías como la *Nosferatu*, *Cainejo*, *Pájaro Loco* o la *Mediterráneo*. Su última restauración, que ha finalizado este mismo verano (2025) ha sido de la emblemática el *Pilar del Cantábrico*, como él mismo ha relatado en la página anterior.

Como suele ocurrir, desde su restauración la vía ha aumentado el número de repeticiones respecto a los últimos años. Hemos hablado con una de las más re-

cientes, la cordada formada por Olai Zapatero y Guille Ballesteros, que escaló la vía en libre a mediados de agosto. Olai asegura que «ahora con el material renovado le cambió la cara, para bien. La seguridad ha cambiado, sabes que los seguros te van a aguantar. Incluso en el largo más duro me tenía que saltar un par de chapas por la resistencia». Considera que era necesario el trabajo de restauración y afirma: «Para mí no tiene sentido que el material fijo de la pared sea lo que le da el grado de exposición en la vía. Antes, en los 80 o 90 vale, pero no ahora». También admite que lo de "liberar" una vía como esta lo pondría entre comillas, pues la presencia de tallados invalida esta calificación: «Cuando el ser humano está alterando la roca, lo que era una vía natural no es una liberación pura, porque se han usado los tallados artificiales que se hicieron en su día», y opina que sin esos tallados «no sé qué saldría, difícil, pero creo que posible». Otro reto más para las futuras generaciones.

Caso Orbayu: seguros de "quita y pon"

En este caso no se trata de una restauración, pero no podemos dejar de incluir una llamada de atención a hechos que han ocurrido en algunas vías. En concreto, Víctor nos hace llegar una reflexión sobre la vía *Orbayu*, que comparte gran parte de la línea –incluido su parte más dura– con la vía *Mediterráneo*, la cual él mismo restauró hace unos años. «En el largo mas difícil (el 8c/+) y en su parte final, sección en torno al 8a muy comprometida puesto que los únicos seguros son varios plomos bastante precarios, aparece el casquillo de un espit sin chapa totalmente nuevo. Para ubicarnos en la situación, alguien colocó el espit, lo usó y luego quitó la chapa. No sabría decir qué es peor, si colocar un seguro, o colocarlo para usarlo y luego quitarlo para los que vienen detrás». Este hecho lo comprobó tras revisar minuciosamente los vídeos publicados por los escaladores que habían repetido la vía. Sin sacar aquí ningún dedo acusador, sí invitamos a la reflexión de los escaladores profesionales, quizá presionados por su obligación de rendir ante los patrocinadores y seguidores, que muestran una ética que no siempre se corresponde con los valores que –como embajadores de la escalada– deberían respetar.

Restauración de *Soy un hombre nuevo*

Otra de las restauraciones terminadas este verano ha sido la de *Gizon berri bat naiz*, abierta por Jon Lazkano y Ramón Portilla en 1989. Muchos de sus repetidores aseguran que, en su grado (7b+ máx, 6c obl), es una de las mejores vías de pared de caliza de Europa. Su restauración comenzó en 2023, a cargo de Juan Luis Guilluy y Fernando Zamora. Ambos son activos aperturistas especialmente en paredes y zonas de deportiva de la Cordillera Cantábrica, y Fernando tra-

baja como guía de montaña en la cordillera, profesión que también Juan Luis ejerció durante diez años, hasta que entró en el grupo de rescate de bomberos de Asturias. En su caso, siguieron todos los pasos estipulados –los aperturistas se mostraron contentos con la idea de la restauración– y comunicaron a la FEMPA sus intenciones, sin encontrar ningún reparo, dado el largo historial de trabajos que les avala. Consiguieron restaurar los seis primeros largos en dos días: «Cambiamos los espit antiguos por parabolt inox de 10 mm, tapamos con sika los agujeros antiguos, sin modificar en ningún caso el lugar de las reuniones». Tambien aclara que no pusieron argollas en las reuniones «para evitar que se ponga de moda rapelar por ella», por seguridad. Dejaron pendientes los tres últimos largos que han rematado este verano, esta vez Juan Luis acompañado de Jaime Izquierdo y Mario Benito. En total, han cambiado casi un centenar de anclajes. «Para mí restaurar una vía es como un cuadro de pintura, intentas dejarlo lo más parecido posible al original, siempre con un consenso», explica.

Juan Luis también ha realizado, junto a Íñigo Sánchez y Roberto Menéndez –compañeros de su grupo de rescate de bomberos– la restauración de la segunda parte de la vía *Leiva*, que estaba pendiente. Como en el caso anterior, el material lo aporta la FEMPA, pero el trabajo es altruista: «Nos gusta colaborar con la comunidad escaladora, que venga gente de distintos sitios y vea que las vías no están abandonadas», asegura Juan Luis.

La necesidad de buscar consenso

Como hemos intentado exponer en este artículo, no hay una única visión a la hora de acometer la restauración de las vías de escalada. Se puede afrontar con una mentalidad más acorde con los tiempos de escalada libre que vivimos actualmente, reforzando y modernizando los seguros. Incluso en alguna pared de nuestra geografía ya ha ocurrido que se han eliminado seguros originales de vías abiertas en artificial que hoy, con los nuevos materiales, se pueden pasar en autoprotección. También se puede abogar por apelar al carácter con el que fue abierta, aunque haya cambiado con el tiempo, intentando recuperar en parte los valores de aquella primera ascensión. O bien mantener una escalada que ofrece un determinado reto ya asentado, aunque difiera del que afrontaron sus aperturistas. Lo que es innegable es que las vías forman parte de nuestro valioso patrimonio y como tal hay que cuidarlo y respetarlo, no actuar de forma unilateral y sin tener en cuenta la historia, sino siempre buscando el consenso y poniendo en valor el legado de los pioneros. El Picu lo merece.

Eva MARTOS

RECOMENDACIONES DEL COMITÉ DE EQUIPAMIENTO

El principal trabajo del Comité de Equipamiento de Picos es fijar unas directrices a seguir en cuanto a la apertura y la restauración de vías de escalada, siempre con el fin de mejorar y proteger el entorno y la ética local. Este comité no es cerrado; está abierto a toda persona que quiera formar parte del mismo cumpliendo unos requisitos mínimos de experiencia y conocimientos, además de ganas de trabajar por el colectivo de la escalada de manera altruista.

Para las nuevas vías, pedimos se utilice material inoxidable tanto por durabilidad como por estética y seguridad, evitando así manchas de óxido en la pared, anclajes caseros o más propios de los años 80´s o 90´s, o tener que restaurar una vía a los pocos años de abrirse.

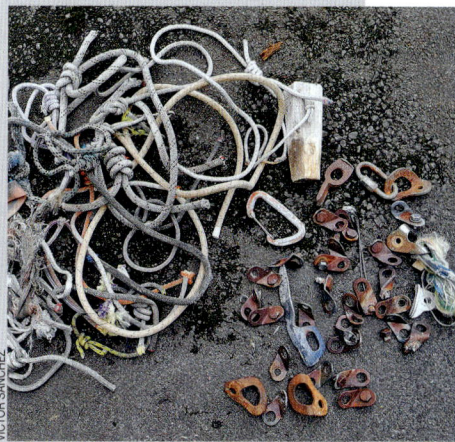
VÍCTOR SÁNCHEZ

También intentamos que los futuros aperturistas hagan un uso responsable del taladro para mantener la ética y esencia de la escalada local, abriendo siempre las rutas desde abajo y con los mínimos expansivos posibles.

Además, pedimos se evite "pisar" otras vías o abrir vías donde ya no hay hueco, como desgraciadamente ha ocurrido en el Urriellu, donde se siguen abriendo vías de escalada donde ya no hay espacio, pisando otras vías y, lo peor, utilizando material totalmente inapropiado para los tiempos que corren, atentando contra la seguridad y la imagen del emblemático Urriellu.

En las restauraciones se cuenta con el permiso y colaboración de los aperturistas, además de con la opinión de todos los miembros del comité; se recopila también información y reseñas que se ajusten al máximo al equipamiento original de la apertura, con la idea clara de respetar las vías tal cual se abrieron, cambiando los anclajes expansivos de la época por los actuales, sin añadir nada y siempre utilizando materiales inoxidables, retirando todo el material que ha sido añadido por diferentes repetidores y dejando la vía lo más cercana a cuando se abrió y, por supuesto, tapando los agujeros viejos. Además de los anclajes expansivos, se cambian cordinos y clavos en mal estado, además de dejar las vías lo más limpias posible.

Desde el comité pedimos respeto hacia las vías de escalada existentes y su historia, así como al entorno. Pedimos no se alteren ni se añadan seguros fijos, y además, si se cambian cordinos se quiten los viejos y se los lleven (no como en muchas ocasiones sucede, que se dejen en la pared puestos o cortados). Queremos que nuestras paredes y montañas estén lo más limpias posibles.

Frutos del esfuerzo

Hasta la fecha y con el trabajo de muchas personas durante años, se han restaurado y saneado alrededor de 70 vías de escalada en los Picos de Europa y Cordillera Cantábrica. En el caso del Urriellu se han restaurado la siguientes vías:

- Leiva
- Sagitario
- Rabadá-Navarro
- Murciana
- Directísima (reuniones de la 1ª parte)
- Sabadell
- Cherokee way
- Esto no es Hawai ¡qué way!
- Cuélebre (primera parte)
- Hedonista
- Ópera Vertical
- Mediterráneo (hasta Rocasolano)
- Teógenes
- Directa de los Martínez
- Amanecer Incierto
- Pidal-Cainejo
- Nosferatu
- Espejismo de Verano
- Martínez-Somoano
- Amistad con el Diablo
- Vuelo del Dragón
- Capricho de Venus
- Cainejo
- Nani
- Cepeda
- Pájaro Loco
- Gizon berri bat naiz (Soy un hombre nuevo)
- Pilar del Cantábrico
- Sueños de invierno

También se han instalado las diferentes líneas de rápeles, en especial en la cara sur con el fin de descongestionar el descenso y mejorar la seguridad.

Si alguien necesita información o tiene alguna petición, se puede poner en contacto por medio del correo electrónico: comiteescaladapnpe@gmail.com

Comité de Equipamiento de los Picos de Europa

ESCALADORAS EN EL PICU

La participación de las mujeres en las escaladas tanto en Picos como en otros macizos es un reflejo de la evolución de la sociedad, con un aumento lento pero imparable. Repasamos aquí las figuras femeninas que acudieron a la llamada del Urriellu, abriendo el camino para todas las que vinieron —y seguirán viniendo— después. // **Por Isidoro Rodríguez Cubillas y Ana Isabel Martínez de Paz**

C OMO en cualquier otro deporte, debemos contemplar la presencia de la mujer en la montaña desde una perspectiva histórica para comprender el contexto sociocultural de cada momento, desde que se produjo la incorporación de la mujer al mundo de las montañas, hasta el momento actual. Su participación en las actividades montañeras ha ido cambiando al mismo ritmo que lo ha hecho en la propia sociedad.

No debemos olvidarnos de las pioneras que nos abrieron este camino. La hazaña que realizaron estas mujeres es indescriptible, ya que no solo tuvieron que superar barreras físicas sino, sobre todo, mentales y sociales. Son mujeres de corazones valientes, de gran fortaleza de ánimo y seguras de sí mismas, transgresoras de los cánones encorsetados de la época que les tocó vivir, y que, en un momento en que lo tenían todo en contra, fueron capaces de hacer lo que realmente querían hacer.

Desde el 5 de agosto de 1904, fecha en la que Pedro Pidal, el marqués, y Gregorio Pérez, el Cainejo, acabaron con la inexpugnabilidad del Naranjo de Bulnes, hasta el mes de julio de 1935, únicamente 43 personas habían subido a la cima del gigante del Urriellu en el transcurso de 32 escaladas distintas, pero ninguna mujer había alcanzado la cumbre.

Saga Cainejo

La situación sociopolítica del país tenía sumido al deporte en un considerable retraso que impedía el desarrollo de muchas inquietudes, y más en la actividad del montañismo. Pero el último día de ese mes de julio, una pequeña comitiva dirigida con mano maestra por el guía de Camarmeña Alfonso Martínez, hijo mayor del gran Víctor, ascendía con inusitada rapidez por la vía del *Paso Horizontal*. Escalaba siempre delante Fonsu, para quien esta era su novena ascensión al Picu, y, siguiendo sus pasos, María Isabel Pérez Pérez y su tío paterno Antonio Pérez. La escalada se sucede sin contratiempos, y únicamente usan la cuerda en algún tramo para asegurarse.

María Isabel, que por entonces tenía 18 años, había salido de Caín y, remontando la canal de Dobre-

Josune Bereziartu fue la primera escaladora (y cuarta persona) en hacer en libre *El Pilar del Cantábrico* (8a+); y en pequeño Sílvia Vidal bajo la Oeste. Las dos primeras escaladoras en la cima del Picu eran nietas del Cainejo: María Isabel Pérez (en una foto de la época) y Teófila Gao (en una foto de 2004), ambas en 1935 con una semana de diferencia, con 18 y 15 años respectivamente.

COL. SÍLVIA VIDAL

COLECCIÓN PERSONAL

Arriba, Sílvia Vidal en *Sueños de invierno* (A4), que hizo con Óscar Cacho en 2006; también escaló en solitario *Principado de Asturias* (que le valió el piolet de oro de la FEDME en 1996) y, junto a Pep Masip, abrió *Tramuntana* en el invierno de 1998. Abajo, María Antonia Simó junto a las tiendas de campaña del campamento que se organizó con motivo de la inauguración del refugio Delgado Úbeda (detrás), en la Vega del Urriellu, en agosto de 1954.

sengos hasta hoyo Grande, pasó luego al jou Sin Tierra para llegar a la vega de Urriellu. Era nieta por parte de su madre del célebre Cainejo y se convertía en la primera mujer en pisar la cima del Naranjo.

Apenas ha transcurrido una semana, y el 6 de agosto una prima suya, también nieta del Cainejo, llamada Teófila Gao Pérez, con 15 años de edad, asciende por el mismo lugar al Picu Urriellu, acompañada por su padre, Domingo Gao Sadia y dos vecinos de Bulnes, Rafael Mier y Juan Campillo Noriega. Es el primer ascenso para todos ellos. Años después, la propia Teófila nos relataría en Caín su experiencia escalando con alpargatas y faldas y haciendo hincapié en que, cuando era joven, "no había árbol ni piedra que se la resistiera". Pasados los años nos hacemos de cruces pensando que, en esta escalada, no utilizaron cuerda alguna, pues no disponían de ella.

María Isabel se convertiría también, el 3 de agosto de 1940, en la primera mujer en pisar la cumbre más elevada del Cornión: Torre Santa, haciéndolo en esta ocasión con su convecino Bonifacio Sadia, conocido como el Diablo de la Peña, que ya había subido al Picu en 1926.

Pero ¿por qué las dos primeras escaladas al Naranjo fueron protagonizadas por dos mujeres de Caín, pueblo leonés situado en el corazón de los Picos de Europa, cuando estas tenían otras ocupaciones, como cualquier mujer del ámbito rural, completamente alejadas de este deporte? La respuesta está en Margot Moles, una excelente deportista, con notables logros en distintas especialidades deportivas. Como socia de la RSEA Peñalara de Madrid se inició también en el montañismo y en el esquí, y manifestó su deseo de escalar el Naranjo de Bulnes. Seguramente, Fonsu llevó la noticia a Caín y aquí, donde uno de sus vecinos que, a la sazón, era abuelo de ambas mujeres, se había hecho famoso por la primera escalada al Naranjo de Bulnes, consideraron una cuestión de honor que la primera mujer tenía que ser de Caín.

Primera aperturista

Pasarán once años hasta que encontremos a otra mujer en el Naranjo. Será el 29 de junio de 1946, cuando subirá por la *Sur Directa* la cántabra Carmen Sánchez Ereño, acompañada de su marido Julio Casal y de los hermanos Martínez, Fonsu y Juan Tomás como guías.

Tres años después, será la catalana María Antonia Simó, de nuevo por la *Sur Directa* y llevando como guía a Fonsu, la que ascienda a la cima. María Antonia era ya una reputada escaladora y será, en 1950, la primera mujer que ingresa en el Grupo de Alta Montaña Español (GAME). Se da la curiosidad de que iba acompañada de su marido, Agustín Jolís, que no era escalador, pero a pie de vía se tuvo que encordar ante la insistencia de Fonsu que no entendía que subiera la mujer y su marido se quedara en la base.

Entre 1951 y 1954 serán nueve las mujeres que escalen el Naranjo, entre las que destacamos a las peñalaras María Luisa Rodríguez o Isabel Izaguirre, así como a las catalanas Carmen Romeu o Antonia Caparrós, todas ellas con proyección como escaladoras y alpinistas en los años siguientes.

En el verano de 1954, coincidiendo con el cincuenta aniversario de la primera escalada al Picu, se congregan en la vega Urriellu un gran número de personas para asistir a los actos de inauguración del refugio. Durante esos días se producen un considerable número de escaladas, destacando otras nueve mujeres.

COLECCIÓN PERSONAL

COL. FAMILIA CASAL

Hasta ahora todas las escaladas en las que iba una mujer han tenido lugar por la vertiente meridional, la más corta, pero el 21 de septiembre de 1955, tenemos en la base de la cara este a Pedro Udaondo, para quien era su segunda ascensión al Picu. Su idea en esta escalada es progresar desde la parte superior de la Y griega de forma directa hacia la cumbre más oriental. Dicho y hecho, y así, después de una novedosa escalada con un paso de gran dificultad en la parte superior, se inaugura un nuevo itinerario, el primero en la muralla oriental que se llamará vía *Cepeda*, pues a Pedro le acompañan Jaime Cepeda y María Jesús Aldecoa, quien, aunque no quiere aparecer en los periódicos, se convierte en la primera mujer que participa en la apertura de un nuevo trazado en el Naranjo.

Invernales y cara oeste

En los años 60 y 70 hay que destacar a Carmina Suárez Álvarez del GM Vetusta de Oviedo, que ascenderá en más de una treintena de ocasiones, entre las que tenemos que destacar la primera ascensión femenina por la cara norte, así como la primera invernal femenina (19 de enero de 1964) o la primera invernal absoluta por la vía *Teógenes* de la cara sur tres años más tarde. Hay que destacar que las invernales al Naranjo eran por aquella época actividades muy

Arriba, Carmen Sánchez (tercera en el Picu, 1946), en la cima con los hermanos Juan Tomás (agachado), y Fonsu Martínez. Abajo, foto reciente de Carmen Sánchez con Ana Isabel Martínez; y a la izquierda, Carmina Suárez.

COL. ANA ISABEL MARTÍNEZ

Juntas todo es posible

una pequeña historia de amor

Soy una enamorada del Picu Urriellu. Sé que no soy –ni seré– la única, pero es posible que sí sea una de las más apasionadas...

COLECCIÓN FÁTIMA GIL

Desde la primera vez que lo vi soñé con explorar todas sus caras, desde las vías más históricas, hasta las más rarunas. Y me convertí sin darme cuenta en una coleccionista, de sueños y de nubes. Soñaba con ver lo que vieron sus aperturistas y sentir de alguna manera lo que sintieron. Así que me dediqué a seguir sus huellas y a homenajear sus logros respetando sus estilos. Acompañé a Rabadá y Navarro a través de su visionaria travesía, bailando elegantemente por encima de un mar de nubes que jamás olvidaré. Compartí la pasión del Sevi y descubrí la genialidad de Gálvez navegando entre ganchos, con nocturnidad y alevosía, guiada por las estrellas, siguiendo un rumbo incierto en el *Pilar del Cantábrico*. Compartí con mi amiga Vicky Vega dos noches colgadas del vacío y tres días peleando entre sus muros verticales e inhumanos. Y aprendí por primera vez que "juntas todo es posible". Así lo dejamos reseñado en el libro de Piadas

del refugio Vega Uriellu, sumando nuestra humilde aventura a la historia del Picu.

Años después, *Mediterráneo*, más amigas si cabe y también más sabias. Cuántas veces habremos jumareado tu imponente desplome de la Bermeja, ascendiendo cual arañas por una fina cuerda salida directa de las nubes y que parecía colgar de la nada. Sin sentir otro asidero que la fuerza de la pasión, la fe y la esperanza compartida. Cuántos porteos bajo el sol, petates arrastrados por la pared, hierros para la batalla, partidas de dominó perdidas y ganadas en el refugio, manos ensangrentadas, uñas de colores, ojos brillantes, lágrimas de rabia, miedo y alegría han corrido por tus muros.

Hemos vivido tantas cosas juntos, Picu Urriellu, que lo justo era compartir contigo mi presente aventura. La más grande, desconocida y excitante que hasta ahora he acometido. Así que de nuevo regresé, como tantas veces, pero sintiéndome muy diferente. Volvía cargada con algo más grande que los sueños, volvía cargada de vida. Quería escalarte portando dos corazones en mi interior, escalarte embarazada. Guiando un alma nueva que sube conmigo, que me impulsa pero que me exige más esfuerzo, por la mítica *Amistad con el Diablo*.

Y de vuelta a la civilización, cuando echaba la vista atrás, sentía que todas las aventuras que he acometido, todas las elecciones que he tomado, todos los sueños realizados y frustrados, todo el dolor, la alegría, la gloria y el amor me conducían aquí, a este momento tan dulce de mi vida. Y no sé qué nos deparará el futuro, querido amigo. No sé si mi pequeña heredará mi pasión por subir las bellas montañas de este mundo, si las subiremos juntas o si el nicho de *Principado de Asturias* será su cuna. Lo que sí te puedo asegurar, querido Picu, es que "Juntas todo es posible".

Fátima GIL

aisladas y las escaladas de Carmina constituyeron las números 3 y 6 respectivamente en el cómputo de las escaladas absolutas en la más fría estación del año.

La primera escalada femenina a la *Rabadá/Navaro* de la cara oeste tendrá lugar en el mes de septiembre de 1971. La francesa Martine Ware, acompañada de su marido el norteamericano Larry Ware, se apuntaría esta notable actividad.

La primera española en recorrer la cara oeste del Narranjo es la bilbaína Dulce María Quesada, en los días 26 y 27 de junio de 1975. Esta, por entonces estudiante de Filosofía y Letras, de 19 años de edad y perteneciente al cuadro docente de la ENAM de Vizcaya, iba acompañada de los jóvenes Javier Alonso Aldama, Jesús María San Cristóbal.

Ese mismo verano tiene lugar otra escalada femenina cuando la catalana Henedina Pérez sube con una cordada hasta los Tiros de la Torca, donde sus compañeros abandonan la escalada. Al encontrarse con fuerzas suficientes, ella se acopla a otra cordada, con la que continúa la ascensión hasta la cumbre.

La madrileña Marisa Montes llevará a cabo la cuarta subida femenina de la *Rabadá/Navarro* también en ese mismo verano. En el verano de 1978 sube al Picu por la *Rabadá/Navarro* de la cara oeste la madrileña Pilar Frías, y en ese mismo año, pero a finales del otoño, hará la primera femenina a la *Directísima* murciana con Eduardo Benedé. En el mes de julio de 1979, las cántabras Merche Arnilla y Marisa Torralbo hacen la *Rabadá/Navarro* en cordadas distintas y las catalanas Anna Massip y Mary Puig escalan esta vía por primera vez en una cordada exclusivamente femenina el 14 de julio de 1983. Miriam García Pascual o Rosa Fernández serán algunas de las mujeres que la escalen los veranos siguientes.

Más aperturistas

Desde Mª Jesús Aldecoa no habíamos tenido mujeres aperturistas en el Naranjo, hasta el año 1989, cuando estas cuatro mujeres, en compañía de Tino Núñez, abrirán cuatro nuevos itinerarios en el Naranjo, todos ellos en la cara sur. En el año 1989, Piluca Mayo abre la vía *Me refugio en la bebida*; en 1993, Paloma García Blanco participa en la apertura de *Pecadillu*, y el 28 del mismo mes, será Patricia Arias la que esté presente en la apertura de *Pies fríos*. Silvia Ocaña participará en la última vía abierta por Tino en 1997, a quienes también acompañaba Paco Aguado: *Cocidito madrileño*.

Entre las escaladoras precoces para la época, en itinerarios de gran dificultad, tenemos a Inés Rodríguez que, en el verano de 1988, con 11 años, hace la vía *Cepeda*, y, tres años después, ya con 14, hará la *Rabadá/Navarro* con su padre. El 2 de septiembre de 1990 Rosa Gemma Labaza Bedia hace, con 13 años, la clásica *Rabadá/Navarro*.

En 1995 Araceli Segarra escalará la *Rabadá/Navarro* con Ruth Planells, que tiene 17 años, y que viene de participar en el Campeonato de España de Escalada Deportiva, donde había quedado en tercer lugar en la modalidad de dificultad. Araceli tiene que ir enseñándole cómo se colocan los empotradores y los friends. Al día siguiente esta misma cordada hará la vía *Sagitario*.

En el año 1996, Sílvia Vidal recibe el Piolet de Oro de la FEDME por su impresionante escalada en solitario al Picu por la vía *Principado d'Asturies*. Esta singular escaladora llevó a cabo la tercera repetición de este complicado itinerario de la cara oeste en su primera visita a esta montaña. Sílvia abre en el invierno de 1998, junto con Pep Masip, la vía *Tramuntana* (300 m, A4+, 7a+), exigente actividad que les obligó a permanecer varios días en la pared en condiciones inhóspitas. La relación de Sílvia con el Picu es puntual pero intensa, pues también repetirá otra de las vías de gran dificultad de la cara oeste: *Sueños de invierno*. Es la mejor escaladora del mundo de grandes paredes de dificultad, con un dilatado historial alpinístico por todo el mundo, gran parte en solitario.

Paridad en el s. XXI

En el siglo veintiuno el panorama de la mujer en el Picu Urriellu ha cambiado por completo, pues no solo es frecuente encontrar mujeres escalando en cualquier vía del Naranjo, sino que son más frecuentes las cordadas íntegramente femeninas, así como escaladoras que recorren los trazados de mayor dificultad y compromiso. Josune Bereciartu escala en libre, en el año 2002, el *Pilar del Cantábrico* para TVE, en el programa *Al Filo de lo Imposible*. Josune fue la primera escaladora en el mundo que consiguió superar el noveno grado.

Mariona Aubert Torrents, una de las primeras mujeres en ingresar en los GREIM de la Guardia Civil, se convertirá en la primera mujer que escala las cuatro caras del Naranjo en la misma jornada, acompañada por uno de los grandes del Picu, Bernabé Agui-

rre, remontando sucesivamente y sin descanso las vías *Leiva*, *Pidal/Cainejo*, *Cepeda* y *Sur Directa*. En esta última década, el Equipo de Alpinismo Femenino de la Federación de Deportes de Montaña y Escalada ha hecho una abundante y notable actividad en el Naranjo, escalando por todas sus caras y repitiendo itinerarios de gran dificultad.

El trazado de los hermanos Pou, considerado como una de las vías de mayor dificultad en grandes paredes, *Orbayu*, es resuelto en libre por la helvética Nina Caprez en julio 2014. Llegó a encadenar todos los largos, aunque en diferentes tentativas. Debemos de reconocer la determinación y la excelente técnica de Fátima Gil y Vicky Vega, quienes escalan en el año 2015 en cordada femenina el *Pilar del Cantábrico*. Entre las aperturistas más recientes en el Picu están Ynma Reguero Vidal que participa en 2018 en la inauguración, en la cara oeste, de la línea *Galiciando*, acompañando a Rubén Suárez y a Andrés Villar; y la última ha sido Esther Sabadell, que abrió la vía *Simó* por la cara noroeste en el verano de 2021, con Albert Salvadó.

Aunque probablemente no están todas las mujeres que por merecimiento propio deberían aparecer en este trabajo, cerramos esta nutrida lista de escaladoras que han dejado huella en este impresionante monolito, haciéndolas representantes de todas las mujeres que aman esta espectacular montaña.

Isidoro RODRÍGUEZ CUBILLAS y
Ana Isabel MARTÍNEZ DE PAZ

SAM BIÉ

Arriba, la suiza Nina Caprez durante su escalada de *Orbayu* (8c) en 2014, en la que consiguió escalar en libre todos sus largos por separado (sin el encadenamiento completo de la vía). Abajo, la leonesa Ana Isabel Martínez, coautora de este artículo, que suma más de un centenar de ascensiones al Urriellu. Página izquierda, Fátima Gil escalando por la cara este en el verano de 2020, embarazada de su hija.

COL. ANA ISABEL MARTÍNEZ

60 VIVENCIAS EN EL PICU

De las aproximadamente 90 vías con las que cuenta actualmente el Urriellu hemos seleccionado aquí 60 de ellas, dando prioridad a las que ofrecen más calidad tanto de roca como de limpieza en sus trazados, así como a las últimas aperturas. Para la actualización de los croquis hemos contado con la colaboración de los aperturistas, repetidores y guías expertos en la zona, así como de los miembros del Comité de Equipamiento de Picos.

EL Macizo Central de los Picos de Europa en el que se enmarca la Vega de Urriello pertenece al concejo de Cabrales (Asturias), y se encuentra a la misma distancia de Oviedo, Santander y León: 88 km.

El Urriellu, con 2519 m de altitud, es una mole de roca caliza con paredes bastante verticales por todas sus caras, destacando la pared oeste –la más lisa e impresionante– con 550 m.

La cara sur está dividida en dos: una pared bajera de unos 150 m y un anfiteatro colgado que termina en las dos cumbres (Principal y Este) y la cresta somital que las une.

La norte ofrece el mayor desnivel –más de 700 m– aunque este no es uniforme. Está marcado por la inclinación de la Canal de la Celada.

Es la vertiente más accidentada e irregular.

La cara este queda unida a la norte y separada de esta por una característica laja en forma de "Y". De 300 m, en su punto de mayor desnivel, es una compacta placa de gran adherencia.

La pequeña cara suroeste está colgada sobre el anfiteatro de los Tiros de la Torca.

Aproximaciones

• La ruta más habitual de subida es desde Sotres, donde llegaremos desde Arenas de Cabrales, siguiendo la carretera que nos lleva a Poncebos. Aprox. 1 km antes de llegar a Sotres encontraremos una curva muy cerrada hacia la izquierda desde la que sale una pista hacia la derecha, donde hay un cartel que indica a "Áliva, Urriellu". A poca distancia, en los Invernales del Texu, hay una bifurcación: si se sigue la pista de frente nos conduciría a Áliva y El cable (Teleférico de Fuente Dé), pero nosotros giramos a la derecha entre unas cabañas de piedra, por una pista que nos conducirá unos 7 km más arriba al Collado Pandébano. Se puede circular –despacio– con vehículos normales. Actualmente el aparcamiento es gratuito pero se encuentra regulado (se cierra cuando se completan las plazas, que son escasas). GPS aparcamiento Pandébano: 43°13'55.0"N 4°46'47.0"W

Otra opción es subir caminando esta pista, o bien contratar un servicio de taxi desde Sotres.

Desde el aparcamiento, a nuestra derecha veremos una gran pradería verde y un gran collado, es el Collado de Pandébano (1212 m). Hay un cartel que indica el inicio del sendero. Remontamos hasta llegar a este collado, luego tomamos rumbo sur y luego SO hacia la majada de la Terenosa (1315 m), con fuente y refugio.

A partir de aquí, siguiendo un camino por encima del monte la Varera, se flanquea en dirección suroeste, hasta llegar al collau Valleju (1540 m), desde el que se contempla la cara norte del Picu. Los últimos 400 m de desnivel hasta el refugio discurren atravesando la canal del Valleju, las Traviesas y el borde oriental del Jou Lluengu, con fuerte pendiente y zig-zags. Cerca ya de la Vega de Urriellu (1960 m) veremos un desvío a nuestra izquierda, que debemos evitar, se trata de la entrada inferior a la Canal de la Celada. En total desde de Pandébano tardaremos de 3 a 4h, desnivel: 1073 m. .

• Otra opción es subir desde el pueblo de Bulnes, al que llegaremos dejando a la izquierda la salida del funicular. Cogemos el camino que lleva a Cambureru, con el río a nuestra izquierda, ascendemos –SE– en dirección a la cascada de las Mestas, que presenta un tramo inclinado y peligroso si está mojado (protegido con cables); el sendero sube rápidamente y se encaja, entrando a continuación en la canal de Balcosín. Al acabar esta aumenta bruscamente en estrechez e inclinación, hemos llegado a la garganta, con fuente. Girando hacia el oeste se alcanza el Jou Baju y se inicia el ascenso por la canal de Cambureru, con fortísima inclinación y senda que se pierde entre la pedrera. Más arriba encontramos la fuente y la explanada en la que quedan restos de cabañas (1385 m). Se gira a la izquierda y más arriba a la derecha, al ascender por la pedregosa ladera se sale a la parte alta del Jou Lluengu, pasando por una pequeña y fácil trepada, llegamos a la vega de Urriellu (1960). Salvaremos en total un desnivel de 1735 m, invirtiendo de 5,30 a 7 h.

La reciente reducción de aforo del refugio (a 64 plazas) hace que sea necesario reservar con antelación. A la derecha, el Urriellu transforma su imagen en invierno, ofreciendo retos aún mayores.

• Una tercera opción es tomar el teleférico de Fuente Dé (información sobre horarios y tarifas en: https://telefericodefuente-de.com). Una vez arriba, se continúa por la pista hasta la Horcadina de Covarrobres, la Vueltona, Torre de Horcados Rojos y collado del mismo nombre, a 2344 m. Desde aquí sale una senda poco marcada hacia la derecha (Este) que por un sistema de cables desciende al Jou de los Boches. Este empinado descenso de piedras sueltas es el paso más peligroso de la aproximación, especialmente con nieve. Una vez en el fondo, se atraviesa hasta el Jou tras el Picu, y se sale a la parte superior de la Vega de Urriello (de 3 a 5 h). Para esta ruta es importante informarse antes de las condiciones, pues en ocasiones necesitaremos piolet y crampones, incluso en verano

Acceso a las paredes

Oeste: a 20 min del refugio, subiendo por una suave pedrera hasta la base de la pared.
Norte: surge de la Canal de la Celada. El hombro noroeste –inicio de las vías *Carletto Ré* y *Régil*– comienza donde se une a la Vega de Urriello. Para las vías *Pidal* y *Schulze* el acceso es común al de la cara este.
Este y Sur: hay que remontar la Canal de la Celada. Se inicia junto al collado que la corona (45 min. desde el refugio). Una vez en este punto, se atraviesa por pedreras y llambrías tumbadas (con hitos) hasta la cara sur. 1 h desde el refugio.
Suroeste: se accede desde el collado de los Tiros de la Torca, junto a la cara sur.

Descensos

En la cara Sur, las vías *Teogenes*, *Directa de los Martinez*, *Pies fríos* (salvo la R3 que se puede saltar con cuerdas de 60 m) y *Amanecer Incierto* son rapelables desde todas sus reuniones.

Aunque con una sola cuerda de 80 metros se podría rapelar la cara sur, combinando diferentes vías con rápeles de 40 metros, lo mas recomendable es usar dos cuerdas de 60 m, con las que siguiendo la vía *Directa de los Martinez* o *Pies fríos* podemos bajarnos en solo 3 rápeles (R5- R4, R4-R2 y R2 al suelo). Por las vías *Teógenes* y *Amanecer incierto* necesitamos 4 rápeles. En el caso de

haber escaladores saliendo por el agujero de la *Cepeda* no es muy recomendable rapelar por la vía *Teógenes* ante la posible caída de piedras.

Con dos cuerdas de 50 metros, se podrían rapelar las citadas vías pero pasando prácticamente por todas las reuniones, realizando entre 5 y 6 rápeles dependiendo de la vía.

En la cara Este: la línea de rápeles de la cara este discurre por la vía *Espejismo de Verano*, que tiene todas las reuniones rapelables. Esta línea se coge desde debajo del "Gran Nicho".

También se encuentra restaurada la vía *Pájaro Loco,* la cua se puede rapelar alternando reuniones de clavos con reuniones de argollas. Esta línea es ideal si escalamos las vías *Capricho de Venus*, *Martínez Somoano* o *Amistad con el Diablo*, ya que todas pasan o acaban muy cerca de la última reunión de la *Pájaro Loco* (con argollas).

En la cara Norte: la línea de rápeles de la cara norte se coge en el Hombro Norte por la vía *Esto no es Hawai...*, que tiene todas sus reuniones preparadas con argollas. También sería posible bajarse por la vía *Reina Fortuna*, aunque hay que conocerla para encontrar la última reunión (está colgada en la parte superior de un muro).

En la cara Oeste: la línea de rápeles va por la vía *Murciana*, en la que todas sus reuniones son rapelables y apenas podemos empalmar, pasando por todas las reuniones de la vía. Sin embargo, y dependiendo de donde nos situemos, hay otras vías cuyas reuniones están provistas con argollas para bajarse con cuerdas de 60 metros, como la *Sabadell*, *Leiva* (primera parte), *Cherokee way*, *Directísima* (primera parte) y *Sagitario*.

Desde los Tiros de la Torca podemos bajarnos por la *Sagitario*, que tiene reuniones de argollas y baja en línea recta.

Dormir

El refugio Urriellu, gestionado por la FEMPA, tiene 64 plazas y ofrece servicio de comidas. Está guardado de marzo a diciembre (fechas variables según temporada), el resto del tiempo tiene abierta una zona vivac con 6 literas y mantas. Es fundamental reservar (tel 638 278 041 y www.refugiodeurriellu.com). Junto al refugio hay una fuente. Está permitida la acampada únicamente en las inmediaciones de la Vega de Urriellu.

Más información útil

En verano las jornadas son muy soleadas y calurosas, pero no hay que olvidar que por su cercanía a la costa, en los Picos de Europa se producen rápidos y violentos cambios de tiempo. Siempre es recomendable llevar prendas de abrigo para protegernos de la lluvia o de la característica lluvia fina "orbayu". No olvidar la crema protectora y las gafas de sol para los días más calurosos del verano.

Para subir al Picu lo más recomendable es escalar en doble con cuerdas de 50 o 60 m. Además del material recomendado en cada vía, recordad que no hay ninguna vía con equipaminto íntegramente deportivo, por lo que es imprescindible contar con material flotante para cualquier escalada. Escoge la vía a escalar solo tras una valoración objetiva de tu nivel.

Emergencias

El 112 Asturias el organismo que coordina en la región a los dos grupos de rescate: la Guardia Civil de Cangas de Onís y Bomberos de Asturias. Cuentan con el helicóptero medicalizado de Bomberos de Asturias y el de la Guardia Civil de La Morgal.

El Parque Nacional

El Naranjo se encuentra dentro del Parque Nacional de los Picos de Europa, un espacio con restos de geomorfología glaciar, lagos de origen glaciar, turberas, bosques caducifolios, praderías alpinas y subalpinas, roquedos y ríos de alta montaña. Entre su flora y fauna destacan el oso pardo, el lobo, el águila real, la encina y el haya. Uno de los lugares más visitados es la Vega de Urriello y el Naranjo; de nuestro comportamiento depende la conservación de este espacio tan frágil. No dejes huella de tu paso. Más información en: https://parquenacional picoseuropa.es.

Bibliografía básica

• *Naranjo de Bulnes, un siglo de escaladas*. Isidoro Rodríguez Cubillas. Ed. Desnivel, 2004.
• *Cumbres de los Picos de Europa. 164 cumbres 255 ascensiones*. Alberto Boza. Ediciones Cordillera Cantábrica, 2020.
• *Naranjo de Bulnes. 5 vías a la cumbre*. Raúl Lora. Ed. Desnivel, 2011.
• *Naranjo de Bulnes. Cuentos, mitos y leyendas. Aventuras del barón de Cotopaxi*. César Pérez De Tudela. Ed. Cuentamontes, 2013.
• *Escaladas fáciles en la Cordillera Cantábrica y Picos de Europa*. Carlos Lamoile. Ed. Desnivel, 2017.
• *Revista Desnivel* nº 134, 144, 214, 276 y 408.

Redacción Desnivel / Víctor SÁNCHEZ
(con la colaboración de J. Wensell, J. M. Anaya, J. Ibarz, A. Villar, J.C. Guichot y A. Salvadó).

LAS VÍAS

▶ Cara Sur

Esta cara ofrece las rutas mejor equipadas o las más fáciles de equipar; entre ellas, la más popular es la *Directa de los Martínez*, donde podemos llegar a encontrar hasta 20 cordadas un fin de semana de verano. Atención con lluvia, pues el agua arrastra las piedras sueltas del Anfiteatro sobre los clásicos rápeles. La pared recibe el sol desde las 9 de la mañana (sombra a partir de las 19 h) y tiene una caliza gris y unos tubos de órganos excelentes.

1. Finisterrae

(160 m + enlace del espolón, 6b/A2).

Primera ascensión:
30/06/2001. Jonay Pérez, Rubén Suárez y Andrés Villar.
Material: friends, fisureros, clavos variados, varias 'U' y planas y cordinos. 1 estribo viene bien.
Horario: 6/8 horas.
Descripción: comienza en la parte más alta de las tres fisuras (III+), con alguna piedra suelta, la canaleta termina bajo el desplome que cruza la pared. Seguir hacia la izda. hasta unas fisuras muy marcadas y en desplome. Progresión fácil hasta la reunión (incómoda). Salir a la izda. por el diedro/fisura hasta el desplome (paso difícil, A1) y ascender hasta una grada de piedras desde donde se ve el circo de los Tiros de la Torca. Estamos en el espolón y bajo un gran bloque se encuentra la reunión. Escalar el bloque en dirección al desplome, pero antes de llegar, seguir por el muro directamente (6b/A0/A1). Superado este difícil tramo, seguir por una chimenea-diedro hacia una fisura. La tirada comienza difícil, pero se suaviza. En el espolón, escalada fácil y a la cima de forma muy aérea. *(Ver también trazado marcado en la foto de la cara suroeste).*

2. Luar

(160 m + enlace del espolón 150 m, 6b/A1)

Primera ascensión: junio de 2000-mayo de 2002. Andrés Villar y Rubén Suárez.
Material: friends, fisureros, clavos variados, varias 'U' y planas y cordinos. 1 estribo viene bien para los tramos de escalada artificial.
Horario: 6 horas.
Descripción: comienza en una fisura de la base, sigue vertical y llega al desplome. A0 para alcanzar la fisura (6b/6a) y paso clave del largo. El L2 sigue por la fisura y por un tramo atlético con alguna parte rota (6a). La R2 está bajo el gran techo. Seguir por unas lajas a la dcha. y continuar en diagonal hasta la fisura de la izda. Ya debajo del desplome, iniciar la escalada en un diedro abierto y atlético (tramo difícil). El L4 comienza vertical para desplomar después. Escalada artificial hasta el diedro y L5 bonito y con roca excelente. Continuar hasta la salida en la brecha, hasta el espolón y hacer cumbre de forma aérea y espectacular, junto con Finisterrae, o destrepar al Anfiteatro. *(Ver también trazado marcado en la foto de la cara suroeste).*

3. Pecadillu

(300 m, 6c, obl. 6b).

Primera ascensión:
6/09/1993. Paloma García Blanco y Tino Núñez.
Material: 10-12 cintas y friends nº 0 al 3.
Horario: 3 horas.
Descripción: Es la más larga de la cara sur. La mitad inferior es de corte deportivo, el resto resulta más tradicional. Algunos escaladores recorren solo los tres primeros largos para luego descender por los rápeles de la Sur. El largo de la cumbre resulta expuesto. Está semiequipada con parabolts y anclajes Long Life.

4. Víctor

(155 m, IV+).

Primera ascensión:
18/08/1924. Víctor Martínez y Vicente Carrión. Primera vía abierta en esta cara.
Material: 15 cintas, friends y fisureros variados.
Horario: 2/3 horas.
Descripción: Se comienza por el centro de la pared, subiendo primero hacia la izquierda y luego directo hasta situarse debajo de un característico techo amarillo (IV/IV+) desde donde se gira hacia la derecha en una travesía ascendente (IV) para llegar a una repisa inclinada en el vértice inferior izquierdo de la gran laja del centro de la pared sur, donde se une a la *Directa de los Martínez*.

5. Me refugio en la bebida

(145 m, 7a, obl. 6c).

Primera ascensión:
6/09/1989. Piluca Mayo y Tino Núñez.
Material: 12-15 cintas, friends nº 2 y 3.
Horario: 1h 30 min.
Descripción: Ruta deportiva que lleva en tres largos de 45 metros al Anfiteatro. Los primeros 12 m son comunes a la *Víctor*. Destaca la estética placa del L2, con movimientos bastante técnicos en una panza próxima a la reunión (tirada con 11 chapas). Vía equipada con espits M-10.

6. Invicto y laureado

(160 m, 6a+, obl. 6a).

Primera ascensión:
26/07/1997. Tino Núñez.
Material: friends (nº 3 al 4 repetidos) y 15 cintas.
Horario: 2 horas.
Descripción: El L1 transcurre por una grieta y es común a una antigua y desconocida variante (5 clavos antiguos) o embarque de entrada a la *Directa*. El L2 sigue un entretenido muro, con tres chapas (Long Life), donde conviene tener práctica en la colocación de friends sobre tubos de órgano. Aconsejable cuerdas de 55 o 60 m.

7. Directa de los hermanos Martínez (Sur Directa o Normal)

(155 m + trepada del Anfiteatro, V-)

Primera ascensión:
13/08/1944. Alfonso y Juan Tomás Martínez.
Material: 8 cintas, fisureros varios, friends y un par de cordinos para puentes de roca.
Horario: 2/3 horas.
Descripción: la más rápida y sencilla. Las reuniones, equipadas, coinciden con los rápeles de bajada. El paso más difícil (V-) está en el L1, es corto y se protege bien. El L2 es el más mantenido, pero no ofrece problemas y está restaurado con material moderno. Con gente inexperta, progresar o destrepar el Anfiteatro (II) encordados.

8. Amanecer incierto

(135 m, 6c o 6a/A1).

Primera ascensión:
septiembre 1986. Higinio Giraldo y Andrés Villar.
Material: 15 cintas, friends y empotradores variados.
Horario: 4/5 h.

Descripción: comienza a la izquierda de una laja característica (IV) para llegar a un desplome exigente, que se supera por su izquierda (V+). El segundo largo presenta el tramo de mayor dificultad; a los 10 - 15 metros de la reunión empieza la parte dura: pasos explosivos sobre roca excelente, originariamente A1, actualmente se puede hacer en libre (6c); siguen luego unos pasos de 6a que pueden evitarse por una pequeña variante por la derecha (V+). Llegado al *Paso horizontal* se asciende otros dos largos hasta llegar al Anfiteatro. Esta vía está restaurada (en 2017) y preparada para rapelar (recomendable en caso de lluvia y de atascos).

9. Paso horizontal

(155 m, V-).

Primera ascensión:
8/08/1928. Manuel Martínez Campillo en solitario.
Material: 15 cintas, friends y empotradores variados.
Horario: 2/3 horas.
Descripción: se asciende por la grieta que presenta el aspecto más accesible en la parte derecha de la muralla sur (III). Después de remontar un largo, se abandona la grieta, encarando la pared de la izquierda (IV) y se sigue en dirección a un oscuro extraplomo (III+). Antes de llegar hay que superar una pequeña panza por una grieta que se inclina ligeramente (V-). Desde debajo del extraplomo se inicia una larga travesía (IV) hacia la izquierda, que desciende al principio y que permite alcanzar la reunión intermedia de la laja de las vías *Víctor* y *Sur directa*, para seguir hasta el Anfiteatro. En esta travesía se puede montar una reunión intermedia, pero no es habitual hacerlo.

10. Teógenes

(200 m, 6b+, obl. V+).

Primera ascensión:
22/07/1958. Teógenes Díaz, Florencio Fuentes y Adolfo Herráez, aunque ya en 1906 fue el itinerario de bajada de Gustavo Schulze tras la segunda ascensión al Urriellu.
Material: 12 cintas, cordinos, friends variados.
Horario: 3/ 3.30 horas.
Descripción: Se sube por la *vía del Paso horizontal* hasta el extraplomo, que está bastante clavado, se puede hacer en libre (6b+, grado obligado V+).

Buena escalada en diedro con algún tramo de placa hasta salir al Anfiteatro en su parte derecha, junto al agujero de la *Cepeda*. Vía restaurada por el Comité, con todas las reuniones con argollas para rapelar.

11. Nani

(300m, V+)

Primera ascensión:
23/08/1974. Hernán Llanos, Nani y Alfredo Díaz.
Material: friends, empotradores y anillos.
Horario: 4 horas.
Descripción: interesante y disfrutona sobre todo en la mitad superior. Resulta más seguro montar la R4 algo más abajo de la terraza habitual. En el L5 hay que tener cuidado de nos seguir por *Crepúsculo celta*. Si instalamos la R5 en el nicho situado más a la dcha. unimos los largos sexto y séptimo en uno y evitamos una mala reunión. Desde la R8 podemos escapar hacia la *Cepeda* y evitar el L10, una travesía podrida hasta ganar unos viejos buriles y rapelar al Anfiteatro. Vía restaurada recientemente por el comité.

12. Why

(250 m, V+).

Primera ascensión:
16/08/1980. Jesús Gálvez y Toni Saelices.
Material: 15 cintas, friends y empotradores variados.
Horario: 4/5 horas.
Descripción: comienza casi en la misma vertical de la reunión de la terraza con bloques. Se asciende hacia un techo característico, que se bordea ligeramente por la derecha hasta alcanzar la reunión, a la que se llega después de cuatro o cinco largos de cuerda. En la mitad de este último largo se une la vía *El vuelo del dragón*. A partir de aquí hay un largo en común con la vía *Nani* hasta alcanzar el primer nicho (IV+) y hace una travesía a la izquierda hasta montar la reunión, coincidente con *Crepúsculo celta* (V+). Otro largo más sencillo hacia la derecha (IV) nos deja en la base de un característico bloque, que se supera por la izquierda (V), hasta montar reunión encima. Un último largo, también por la izquierda de un marcado bloque, en su parte superior de roca descompuesta, permite alcanzar la arista del hombro este, donde se une con la vía *Cepeda*.

Cumbre

Cara Sur

Desplome
6a

I

Placa

V-

Cumbre
este

Canal

R5-35 m
V+

"Corazón de lija"

Anfiteatro
cara sur

II

R4-25 m **1**   **2** R5-40 m
V+
6a

Gradas

R4-25 m

IV+

6a/A1

Cepeda

R3-40 m

III

II

Rápel al
anfiteatro

A2
V+
6a
Ao

Ao

Rápel al
anfiteatro

R1-30 m

R2-25 m

Placa

III

III

Llambria

IV-

IV

IV

Ao/6a
V

6a/Ao
V+

Techito

IV

IV

Unión con
"Cepeda"

R1-35 m

6c

6b

III+
V+

6b
Ao

Desplome

Fisura

Muro

Muro

IV+

IV

IV

IV+

IV

V

1

III+

6b+

7a

6a+

V+

Dile al sol

V

IV

Muro

Muro

IV

(6b+)

V+

Riambla

Placa

6a+

Laja

6b

IV

IV

9   **10** A1

11

2

3

Antepaz

6a

Grieta

A1
(6c)

V+

12

V+

4 **6**

5

IV+
IV

V

Pies fríos

Cocidito madrileño

V

IV-

IV+   IV+

V

7

V+

IV+

V

III+

V

6a+

8

V+

III+

IV+

V

V

9

IV

Crepúsculo celta

III+

IV+

IV+

V

11

V

Laja
"Y"

V

IV+

12

13

▶ Cara Este

Sus 350 m golpean con fuerza cuando se divisa una cordada en el nicho de la *Martínez/Somoano* (mitad de la pared) o se comprueba que la laja que parecía al alcance de la mano está a 50 m de distancia.

La mayoría de las rutas discurren por placas compactas de excelente roca e increíble adherencia, en ocasiones muy próximas unas de otras (3 o 4 m), cruzándose unas veces y con reuniones comunes. Las reuniones, en general, están equipadas con material moderno (muchas de las vías están restauradas), pero no abundan los seguros, así que son vías algo expuestas.

La clásica es la *Cepeda*, donde confluyen casi todas. Se puede continuar hasta la cima o alcanzar los rápeles, coincidentes con las reuniones de *Espejismo de verano*. Esto facilita un rápido descenso y la posibilidad de escalar otra vía.

13. Vuelo del dragón

(300 m, 6a+).

Primera ascensión:
01/08/1982. Christian Marín y Francisco Sampedro.

Material: 15 cintas, friends y empotradores variados.

Horario: 3,30 h.

Descripción: vía restaurada por el comité de reequipamiento de Picos. Inicia a la derecha de la vía *Why* hacia un pequeño nicho amarillo (IV+) para hacia la izda alcanzar unos tubos de órgano y seguir ahora hacia la derecha hasta la primera reunión (dos parabolts rapelables). El segundo largo asciende hacia un nicho (V-), a la derecha de un marcado canalizo. Reunión también de dos parabolts con anilla. El siguiente largo es el más difícil, antiguo A0 que actualmente se hace libre (6a+); comienza hacia la derecha a por dos chapas para después pasar a la izquierda y seguir una línea de 5 parabolts que protegen los pasos de placa. Tras un corto diedro llegamos a la reunión. El siguiente largo es un muro con buenas presas y un último diedro sobre el que se monta la R4. Desde aquí podemos rapelar o bien hacer una fácil travesía a la izquierda y alcanzar la reunión de la vía *Nani*, por la que podemos subir hasta la cumbre. *(Ver tam-*

bién trazado marcado en la foto de la cara sur).

14. Cainejo

(260 m, 7a o 6a+/A1)

Primera ascensión:
4/07/1980. Alfredo Fernández y Claudio Sánchez, Tito.

Material: 10-12 exprés, fisureros, friends variados, cintas largas y cordinos.

Horario: 4/5 horas.

Descripción: ruta muy bonita y variada, la más difícil de esta cara. Ninguno de sus largos tiene desperdicio. Restaurada (en 2017) con parabolt en algunas reuniones, pero recuperando el carácter original en los largos (que se había ido perdiendo con el paso de las cordadas que fueron añadiendo material). El L6 es el más duro (pasos de 7a en el desplome, obligado solo hasta 6a), equipado con puentes de roca y clavos originales. Llegamos luego al bloque Naranja de la vía *Nani*, que superamos por la derecha (la *Nani* lo supera por la izquierda) y derivando hacia la derecha alzanzamos la parte superior de la vía *Cepeda*.

15. Capricho de Venus

(200 m, V+)

Primera ascensión:
06/07/1980. Christian Marín y Miguel Ángel Mora.

Material: 10-12 exprés, fisureros, friends y cordinos.

Horario: 3/4 horas.

Descripción: vía restaurada por el Comité de equipamiento. Comienza debajo de la grieta característica que, de forma oblicua, se dibuja en la parte baja de la pared, en cuyo borde izquierdo se hace la primera reunión. Seguimos con tendencia a la izquierda hasta la siguiente reunión, a la izquierda de una laja. Seguimos a la izquierda hasta alcanzar la R2 de la *Cainejo*. Tras otro zigzagueante largo llegamos a otra característica laja, desde donde seguimos hacia la derecha, hasta que un vertical muro nos cierra el paso. Aquí un parabolt permitirá hacer un corto descuelgue de unos 6 metros pendulando a la izquierda hasta alcanzar una zona más franca, por la que se prosigue, primero con tendencia a la izquierda y luego a la derecha. Un último largo por debajo de un pequeño techo, asegurándose en unos puentes de roca, permite alcanzar la parte final de la

Martínez/Somoano, por la que se continúa.

16. Amistad con el diablo

(200 m, 6a)

Primera ascensión:
6 - 9/08/1980. Christian Marín y Alfredo Iñíguez.

Material: 10-12 exprés, fisureros, friends y cordinos.

Horario: 3/4 h hasta los rápeles y 2 horas más hasta la cumbre.

Descripción: es bonita, tiene dificultad asequible de escalada en placa predominantemente, recorrido elegante y roca excelente. Es habitual empalmar los L2+L3. En el L6 y último largo, si se quieren alcanzar los rápeles, es preferible desviarse a la dcha. hasta la última reunión de *La luna* y *Pájaro loco*. Así, una fácil travesía a la dcha. lleva al sistema de rápeles. Está toda restaurada con parabolts inoxidables (si encontramos buril es que nos hemos embarcado, lo que no es difícil, pues hay tramos que los seguros alejan y no deja muchas posibilidades para la autoprotección).

17. Martínez/Somoano

(250 m, 6a)

Primera ascensión:
14/08/1974. Tomás Martínez Carretero y Juan Luis Somoano. Primera vía abierta en la cara este.

Material: 10-12 exprés, fisureros, friends y cordinos.

Horario: 4/5 horas hasta el agujero de la Cepeda.

Descripción: primer largo común con *Amistad con el diablo* (equipada) y después derivar a la dcha, cuidando de no confundirse con *La luna*. En el L4, tras chapar la tercera chapa, es importante no ir hacia la cuarta (que es de *La luna*), sino ir ligeramente a la izquierda por muro y luego de frente a un diedro. En el siguiente largo en diagonal se pasa un poco por debajo de la R5 de *Amistad con el diablo*. Más arriba, enlazar con la *Cepeda*.

18. Pájaro loco

(200 m, 6b)

Primera ascensión:
21-25/07/1981. Jesús Gálvez y Ricardo Estrada.

Material: 10-12 exprés, fisureros, friends y cordinos.

Horario: 3/4 horas hasta los rápeles y 2 más hasta la cumbre.

Descripción: una de las más difíciles de la este, con un L4 magnífico, cuyos seguros son cordinos colocados en agujeros sobre canalizos (llevar cuatro cordinos de 6 o 7 mm por si hay que reponer). El L5 es expuesto y el L6 recorre un muro de huecos muy disfrutón. Desde la R6 se puede enlazar con la *Cepeda* o alcanzar los rápeles mediante un largo en travesía de III. Restaurada recientemente (verano 2020), cambiando los buriles por parabolts, dejando las reuniones con argollas rapelables y los puentes de roca con cordino Kevlar y Dyneema. Muy buena roca en todo el recorrido.

19. Espejismo de verano

(240 m, 6a)

Primera ascensión:
04/09/1983. Manuel González y Manuel Álvarez.

Material: 10-12 exprés, fisureros, friends y cordinos.

Horario: 3/4 horas.

Descripción: vía que aprovecha los rápeles instalados en la cara este como reuniones y con parabolts en los pasos más problemáticos, pero no llevarse a engaños, pues el resto es complicado de proteger y hay que saber navegar y escalar tranquilo, con aire entre seguros. Comienza unos metros a la izquierda de la *Schulze* y gana en 50 metros el último tinglado de rápel. Otros dos largos conducen a una zona de repistas, y otros dos nos llevan a las terrazas de la *Cepeda*.

20. Schulze

(500 m de recorrido, V)

Primera ascensión:
1/10/1906. Gustavo Schulze durante la segunda ascensión al Picu.

Material: 10-12 exprés, fisureros, friends y cordinos.

Horario: 4/5 horas.

Descripción: Una ascensión meritoria como la primera. Se trata de una solitaria en la que se emplearon por primera vez en España las clavijas. Los tres primeros largos tienen un trazado común con la vía *Cepeda*, para después seguir subiendo por la cara norte *(ver esta parte del trazado en la foto de la cara norte).*

Alcanzar la cima del brazo izdo. de la 'Y' (tramo común con la *Cepeda*), y luego flanquear hasta el brazo dcho. (reunión no equipada). Seguir

atravesando y ascender para alcanzar la Gran Cornisa de la cara noreste. Seguirla en toda su longitud (piedra suelta) hasta enlazar con la vía *Pidal*, por la que se continúa hasta la cumbre con una ligera variante: en un punto en que la grieta se divide en dos, *Schulze* escogió el ramal de la dcha., al contrario que sus predecesores. La dificultad es similar.

21. Cepeda

(350 m, V+)

Primera ascensión:
21/09/1955. Mª Jesús Aldecoa, Jaime Cepeda y Pedro Udaondo.

Material: 10-12 exprés, fisureros, friends y cordinos.

Horario: 4/5 horas.

Descripción: escalar la primera parte de *Schulze* hasta la cima de la Y. El siguiente largo es el más bonito y lleva a una terraza. Otro largo conduce a una sucesión de gradas y terrazas que se ascienden hacia la izda. ¡Piedras sueltas! Es habitual empalmar los largos L7+L8 en uno solo de casi 60 metros. Es decir, la reunión con terraza donde se juntan todas las vías, que tiene un gran puente de roca, directamente a la reunión del Rompetobillos. El paso clave está en el L9 (el llamado "Rompetobillos"). Más arriba se puede acceder a la cara sur a través de un estrecho agujero (lo más habitual) o continuar por la cresta hasta la cumbre.

22. De la que vas ¡plass!

(80 m, 6a)

Primera ascensión:
28/12/1988. Salvador Muñoz y Andrés Villar.

Material: 10-12 exprés, fisureros, friends y cordinos.

Horario: 4/5 horas.

Descripción: corto itinerario que en realidad es una variante intermedia en la parte superior de la *Cepeda*. Transcurre por una fisura característica que los primeros ascensionistas llamaron "fisura maña".

23. Treparriscos

(350 m, 6a)

Primera ascensión:
25/09/1985.
Claudio Sánchez "Tito", Higinio Giraldo y Andrés Villar.

Material: 10-12 exprés, fisureros, friends y cordinos.

Horario: 6/7 horas.

Cara Este

Cumbre

Cumbre
este

II

III

Anfiteatro
cara sur

R10-40 m
IV-

IV

6a

IV **21**

Agujero

R9-30 m

III+

V+

6a

V+

ROMPETOBILLOS

R8-35 m

IV

IV-

R7-40 m

IV- **21**

IV+

IV

Diedro

IV+

6a

Gran bloque naranja

IV+

V

R6-30 m

A1(7a)

IV+

22 Gran nicho

12

V+

III

Bloques

V-

III

II   Línea de
rápeles

R5-40 m **17**

V

R6-40 m

R5-50 m

IV+

V

V+

III

IV+

IV+

Posible
reunión

V+

IV+

V+

Nicho

R5
30 m

IV

R4-25 m

IV+

V+

V-

NO

R3-30 m

V

6a

V+

IV+

Terraza
R4-45 m

Gran cornisa de la
cara norte

IV-

6a+

6a+

6a

IV+

I

IV+
Placa

Placa

6a

V

Refugio

R2
30 m

V

6a

R4-20 m

Diedro

V

III

V

IV+

6b

V+

Hombro
noroeste

V

R3
25 m

IV

IV **21**

IV

15 **16**

V+

20

II

IV+

R3-30 m

IV-

17

III
Chimenea

III

Espolones

R2
35 m

6a

R2-30 m

6a

III

IV

IV+

IV+

6a

Laja
"Y"

IV

La "Llambrialina"

13

R1-30 m

IV

IV+

III

Nicho

IV-

14

III+

R1
50 m

R1-35 m

6a

IV

III+

Variante derecha
de la v. griega

15

III+

IV+

Grieta

III

Canal de la
Celada

La Luna

Paparruchas

III+

III

23

Terraza
de piedras
sueltas

16 **17**

Carrusel

18 **19**

20 **21**

Pedos gordos

II

24

Descripción: los dos primeros largos transcurren por la Y griega. Después tres largos más nos llevan verticalmente a la base de un techo con un nicho en su base. El siguiente largo comienza en travesía a la izquierda y prosigue por una grieta (permite alcanzar la cumbre oriental del Naranjo). Los tres últimos largos la roca está descompuesta, atención.

▶ Cara Norte

Es una pared trapezoidal con su base delimitada por el inclinadísimo plano de la Canal de la Celada, lo que hace que en su unión con la cara este solo tenga 350 m, mientras que en el espolón noroeste supera los 700 m. Excepto en las zonas cercanas a las llambrías del este, es un laberinto con sectores de calidad muy dudosa. La falta de perspectivas al aproximarse desde la Canal de la Celada, hace a la pared poco atractiva.

Es la pared que menos vías tiene y la menos visitada. Las que se recorren más habitualmente son la *Schulze*, *Pidal/Cainejo* y *Régil*, el resto son muy poco repetidas. El alpinista encuentra aquí la auténtica alta montaña del Picu: terreno incierto, equipamiento escaso, piedra descompuesta, posibilidades de embarque. Su orientación y la climatología propician actividades invernales de categoría (como la *Diosa turquesa,* una vía de piolet tracción invernal y la más larga del Naranjo con 1100 m, abierta en febrero de 1990 por Andrés Villar y Salvador Muñoz).

24. Pidal/Cainejo
(450 m, V)
Primera ascensión:
5/08/1904. Pedro Pidal y Gregorio Pérez, *el Cainejo,* en su histórica primera ascensión al Picu.
Material: 8/10 exprés, fisureros, friends, cintas largas y cordinos.
Horario: 3/4 horas.
Descripción: es conveniente estudiar la vía hasta el hombro noroeste durante la aproximación, y fijarse especialmente en la situación del nicho y la Llambrialina: iniciada la vía ya no son visibles.

Situados en el hombro noroeste, ya no hay pérdida. Un largo de dificultad conduce al inicio de la grieta. Esta se escala en 2 o 3 largos (IV/IV+ con un paso de V) sobre buena roca en general, aunque hay que prestar atención a algún bloque. Existen clavos en algunos puntos y los fisureros y friends entran bien. Acabadas las dificultades, aún queda una larga trepada hasta la cumbre.

25. Pánico terminal
(690 m, 6b)
Primera ascensión:
28-29/08/1989. Salvador Muñoz y Andrés Villar.
Material: 10 exprés normales y 4 largas, fisureros, friends hasta el nº 3 y cordinos. Algún clavo para reforzar reuniones viene bien, aunque no es imprescindible.
Horario: 10 horas.
Descripción: buena vía de aventura, recomendable, aunque necesita una restauración urgente. Se asciende con cuatro largos y una trepada desde la canal de la Celada hasta la terraza de piedras sueltas, donde se inicia la *Pidal-Cainejo.* Desde aquí se prosigue de forma bastante directa hasta alcanzar, en otros cuatro largos, la gran cornisa de la *Schulze.* Después se alcanza la base de una gran laja característica, que se supera por su derecha, para alcanzar una terraza desde la que, tras dos largos, se llega a la cresta cimera.

26. Centenario
(670 m, 6b+ / AO)
Primera ascensión:
17/05 y 8/07 de 2003. Andrés Villar y Rubén Suárez.
Material: friends, fisureros, clavos variados. 1 estribo viene bien, así como algún clavo para reforzar reuniones, aunque no es imprescindible.
Horario: 14 horas (durante la 1ª ascensión).
Descripción: comienza en la zona baja de la Canal de la Celada. Unas fisuras visibles a la dcha. de *Pánico terminal* dibujan la línea directa hacia la cumbre oriental del Picu. Se escala la más evidente en dos largos, tramos difíciles de V+, hasta una canal muy visible desde la base. Continuar por zonas más fáciles (III+/IV) hasta pasar el nevero colgado. Algún tramo roto en el L6, V+ y la próxima tirada llega a las gradas de la vía *Pidal.* La reunión es conjunta. Continuar por una placa de canalizos con una roca fantástica, llamada placa Fresnidielu en recuerdo a esta escuela. Tres largos difíciles (V/V+) nos colocan en las gradas de la vía *Schulze.* Superar un pequeño circo que sitúa debajo de la gran laja central y conectar con *Pánico terminal* con dos largos mantenidos de 6a/V+. Un esfuerzo extra (6a 6b+) por una fisura diedro muy expuesta y se llega a una zona fácil. Dos largos más hasta la salida de la *Pidal.* 60 m de trepada y se alcanza la cima.

27. Nosferatu
(700 m, 6b/+ o A1/V+)
Primera ascensión:
25-27/08/1980. Alberto de Miguel y Miguel Ángel Mora la parte inferior, y el segundo con Javier Martín la superior .
Material: 12 cintas, friends hasta el 4, fisureros y anillos de cinta.
Horario: 10 horas.
Descripción: comienza a la izquierda de la *Carletto Ré* y va paralela a ella por su izquierda durante tres largos. Hace luego una travesía a la izda para llegar a un diedro, que se supera por la derecha hasta llegar a una terraza en la que se coincide con la *Pidal-Cainejo.* Seguir por ella hasta lelgar al extremo derecho de la Gran Cornisa. Seguir hacia la izquierda hasta sobrepasar un diedro y otros dos largos oblicuos a dcha hasta el pilar que forma el lado izdo de la grieta norte. Travesía hacia la izda para seguir luego recto hasta la "fisura de la luna". Tras dos largos fáciles llegamos a la arista que une las dos cimas del Urriellu. Vía restaurada en 2011 por el aperturista Miguel Ángel Mora con Víctor Sánchez.

28. Factor humano
(800 m, A2+, 6b+)
Primera ascensión:
21-22/08/2013. Andrés Villar, Ramón Figueira y Rubén Suárez.

Cara Norte

III
R20-40 m
IV-
R19-40 m
V+
R18-18 m
A1/6b+
R17-35 m
6a+
R16-35 m
A2/6a+
R15-30 m
IV
IV+
R14-20 m
II
R13-55 m
III
R12-50 m
IV
III
R11-40 m
6a
III
Ao
IV
R10-30 m
28v
II
R9-20 m
6b
R8-50 m
6a
Ao(6b)
R7-40 m
V
R6-50 m
IV
R5-25 m
IV+
R4-20 m
6a+
V+
R3-35 m
28
V
R2-40 m

Quijote 4°
centenario

Hombro
noroeste

Pánico
terminal

Centenario

Canal de la
Celada

El último
eslabón

Nosferatu

Diosa
Turquesa

Cara Noroeste

Espolón noroeste

Hombro noroeste

Anfiteatro noroeste

R6-30 m

R5-40 m

(7b+)

7a+/b

A1/6c

R4-40 m

(7b+)

A1/6c

R3-25 m

6b

R2-30 m

6c

6b
EXPO

R1-35 m

IV+   6c+

V+

III+

IV+

Canal chimenea

Travesía descendente

III+

IV

III

III

III

30

32   33   34

35

36   37

38

Gradas

32

30

31

CAS

CAS

R4-30 m

R3-35 m

R2-40 m

R1-30 m

6a   6a

R4

III   III

R3

V+   V

R2

6a

6a

R1

6c+

V

6c+

V+

V

V

V

6c+

6a

6c

6a

6c

7b

V+

Desplome de la Bermella

El norte oculto

Material: 8/10 clavos en V, varios clavos planos, empotradores, friends y cordinos varios.
Horario: 8/12 horas.
Descripción: comienza a la derecha de *Diosa Turquesa* y de *Nosferatu*, y cruza ambas líneas sin compartir ningún tramo, para terminar en la canal de salida común con *Nosferatu*. Es la segunda vía más larga del Picu (descripción detallada en el blog del aperturista: http://andres-villareto.blogspot.com.

29. Navajuelos
(340 m, 6b+ [6b obligado])
Primera ascensión:
empezada por Juan Carlos Guichot 'Papila' y Marcos González el 2 de noviembre de 2023. Finalizada por Papila y

Faust Girat 'Tino' el 13 de julio de 2024.
Material: dos juegos de friends hasta el nº 3.
Horario: 4 horas.
Descripción: buena vía para empalmar con cualquiera del hombro; concebida como segunda parte de *El último punk*, a cargo del mismo aperturista (Papila). Sigue un pilar a la izquierda de la "canal inaccesible de Alfonso", sobre roca de calidad.

▶ Cara Noroeste

30. Krausista
(250 m, 6b+/Ae [6a obl])
Primera ascensión:
Juan Carlos Guichot 'Papila' y Alberto Rosal el 23 de agosto de 2021.

Material: fisureros y friends.
Horario: 3/4 horas.
Descripción: una de las opciones más rápidas, con concepción moderna, para subir al hombro noroeste. Es además la vía más cercana al refugio, acceso rápido. Se puede terminar en el hombro (y rapelar por la *Hawai*...) o bien continuar hasta la cumbre por alguna de las vías que parten desde allí.

31. El último punk
(260 m, 7a [6a+/A1 obligado])
Primera ascensión:
Juan Carlos Guichot 'Papila' y Óscar Ponce 'Rustic' el 12 y 13 de agosto de 2021.
Material: fisureros y dos juegos de friends incluido nº 4.
Horario: 8/10 horas.

Descripción: entra por una fisura buscando lo más evidente y se dirige a un pilar destacado del hombro norte, hasta salir por unas fisuras de gran calidad. Todas las reuniones están equipadas con dos parabolts (excepto la R5 que solo tiene uno). El A1 se resuelve con friend o fisureros (no necesarios clavos). Concebida para salir después por la *Navajuelos*, que comienza en el hombro. Si no se continúa a cumbre, se puede rapelar por la *Hawai*.

32. Régil
(700 m, V)
Primera ascensión:
14/07/1955. Andrés y José María Régil.
Material: 10 exprés, fisureros, friends y cordinos largos.

Horario: 5/7 horas.
Descripción: variante de entrada de *Carletto Ré* que supera el hombro noroeste desde el fondo de la Canal de la Celada. Se repite más que la original.

Comienza en el pequeño circo noroeste, junto a la entrada de *Esto no es Haway ¡qué guay!*, a través de una serie de terrazas en dirección hacia la izquierda, por las que se gana altura con rapidez. Terreno fácil pero inestable. Subir hacia la izquierda por una serie de placas y resaltes fáciles hasta realizar una travesía ligeramente descendente hacia la izda, hasta introducirse en una marcada canal que recorre el espolón noroeste. En este punto se une a la de *Carletto Ré*.

Seguir por la canal-chimenea y por llambrías hasta el hombro noroeste. Piedras sueltas y terreno algo inestable para equipar a voluntad. Aquí se une la *Pidal/Cainejo*. Un largo difícil por llambrías lleva al extremo dcho. de la gran cornisa, situada en el centro de la cara norte. Seguir después por la grieta chimenea, que tiene un par de bloques empotrados que presentan pasos difíciles, entre ellos la emblemática "Panza de burra". Algo equipada, este largo tramo admite seguros a discreción. Por último, una larga canal sin dificultades hasta la cumbre. *(La parte superior de esta ruta está marcada en la foto de la cara norte).*

33. Gorilas en la niebla
(200 m, 7b+ o 6c/A1)
Primera ascensión:
13-14/07/2010 por Ramón Pérez de Ayala, Jorge Ferrero y José M.Anaya. Liberada por Iker y Eneko Pou en 2011.
Material: 12 exprés, fisureros, friends, micros, cordinos y alguna uña.
Horario: 5/6 horas.
Descripción: en todo su recorrido la roca es excelente superior y el equipamiento, a base de parabolts básicamente, se reserva para las reuniones y los tramos de imposible protección con friends o similar. El segundo largo (6b-6c) está poco equipado y resulta difícil de proteger (expo). Los largos clave son de placa, con escalada técnica.

34. La reina fortuna
(200 m, 7b)
Primera ascensión:
verano 2013. Chiru, Jesús Oliver, Óscar Cacho y Salvador Muñoz.
Material: 12 exprés, fisureros, friends (juego de Alien y Camalot rojo y amarillo).
Horario: 5/6 horas.
Descripción: una de las últimas vías abiertas en el Picu, de corte moderno. Grado obligado. Está equipada con parabolt de 10 mm inox y clavos. La vía es rapelable con cuerdas de 60 m.

35. Esto no es Hawai ¡qué guay!
(170 m, 6c)
Primera ascensión:
01/07/1983. Albert Merino y Joaquín Olmo.

Material: 10 exprés, fisureros, friends y cordinos.
Horario: 3/4 horas.
Descripción: por las fáciles gradas de la *Régil* se asciende ligeramente hasta desviarnos haciendo un largo en S para alcanzar un nicho. Se sale a la izquierda haciendo el tramo de mayor dificultad (con nueve puntos de seguro) que da acceso a una fisura por la que se continúa verticalmente otros dos largos. El L5 tiene dos fisuras a derecha (V-) o a izquierda (IV+), ambas con roca descompuesta. Se alcanza el hombro del espolón, desde donde podemos seguir por la *Pidal/Cainejo*. Está bastante equipada, tanto los largos como las reuniones, y fue restaurada recientemente, con

todas las reuniones con argollas preparadas para rapelar.

36. Simó
(200 m, 6c+ [6b+ obligado])
Primera ascensión:
Albert Salvadó 'Ganxets' y Esther Sabadell el 14 y 15 de julio de 2021.
Material: fisureros, juego de Totems del negro al naranja, Camalot nº 3 (opcional: Aliens verde, amarillo y gris, y Camalot 0.75).
Horario: 4 horas.
Descripción: vía moderna y rápida, de fácil aproximación desde el refugio y en sombra gran parte del día. Escalada muy mantenida en el 6b. Se puede rapelar por la cercana *Hawai,* a su izquierda (con la que comparte la R3).

37. Sabadell
(500 m, 7b+ o 6b/A2)
Primera ascensión:
12/08/1980. Manuel Balet y Juan Wenceslao.
Material: 10-12 exprés, fisureros, friends y cordinos. Clavos para reforzar reuniones y los largos de artificial (si se va en libre no son necesarios, pues ya están colocados los más obligados).
Horario: 10/14 horas.
Descripción: vía que transcurre a la sombra la mayor parte de su recorrido, de compromiso y poco repetida. Restaurada en 2012, pero conservando todo su carácter e identidad. La primera parte de la vía hasta el primer largo duro de 6b/+ es de aventura, saber escalar tranquilo y con mucho tiento,

con roca duosa en algunos tramos. El L8 es una placa fina que nos lleva a un espit de la vía *Zumbeltz,* desde el que tenemos que hacer una travesía a la izquierda con roca delicada. El L9 (7a+ o A2 o 6c/A1) está expuesto para hacerlo en libre, al igual que el siguiente (7b+/c o A2 o A1/6c), que es muy fisurado, físico y mantenido, con solo dos chapas y un puente de roca. Siguiente largo por una chimenea atlética de roca buena. El último tiene un paso a bloque de 2 metros (6b o A2) sobre roca mala, que da paso a terreno ya fácil, y enlaza ya con el espolón de salida a cumbre de la *Rabada/ Navarro. (La parte superior de esta ruta está marcada en la foto de la cara norte).*

JUAN CLAROS GUICHOT

Cara Noroeste

Rabadá 3L
Sabadell 1L
R9-30 m
V
R8-45 m
7a
"Muro del Atlántico"
R7-25 m
7c+
R6-25 m
6c+
R5-50 m
6b+
Anfiteatro noroeste
R4-50 m
7b+
R3-35 m
V
R2-30 m
6b+
Sabadell
R1-40 m
Desplome de la Bermella
6c
(39)

JESÚS WENSELL

38. Hedonista

(600 m, 6c+)

Primera ascensión:
17, 18 y 19 de julio, 2000. Alberto Sepúlveda 'Sepu' y Juan Carlos Guichot 'Papila'.
Material: 14 exprés, fisureros, friends y un juego de micros.
Horario: 8/10 horas.
Descripción: situada entre *Pau* y *Zumbeltz*. En su momento fue la primera vía abierta desde abajo enteramente en libre. Sólo se cruza en la R2 con *Sabadell*. El recorrido es fácil de seguir, comienza por unas chapas muy visibles. Las reuniones están equipadas y los largos cuentan con algún clavo para marcar la vía. En la apertura se realizaron dos vivacs en hamacas y otro en la cumbre. *(La parte superior de*

esta ruta está marcada en la foto de la cara norte).*

39. El norte oculto

(455 m, 7c+)

Primera ascensión:
cuatro días en el verano 2012, por Kico Cerdá y Jesús Wensell (encadenada en libre el 26 agosto de ese año por los mismos aperturistas).
Material: 15 exprés, juego de Camalot del 0,5 al 3 (1 y 2 repetidos), juego de Aliens.
Horario: 10/12 horas.
Descripción: vía de corte moderno, concebida, abierta y equipada para la escalada libre. Empieza a la izquierda del desplome de La Bermella. En el L5 se cruza con *Sabadell*, vía con la que se junta en la R9 (R12 de *Sabadell*). Hasta la

cima queda un largo más por esta vía y los tres últimos largos por la *Rabadá/Navarro*. Todas las expansiones y clavos utilizados en al apertura han quedado emplazados, así como los puentes de roca equipados. Los aperturistas piden abstenerse del uso de material que pueda dañar la roca (como clavos, ganchos, etc). Todas las reuniones tienen dos parabolts 10 x70 inox con argolla.

▶ Cara Oeste

Es 'la pared', el big wall más prestigioso de España, una lisa y compacta placa que supera los 500 m de desnivel. La ruta protagonista es la histórica *Rabadá/Navarro*, en el resto de las

vías hay posibilidades para todos. Desde algunas –pocas– equipadas para libre a durísimas rutas artificiales. El sistema de rápeles de la *Murciana* posibilita el descenso por esta ruta, pero se utiliza poco. Es más frecuente el escape por los Tiros de la Torca, de quienes realizan las vías de la parte derecha o de los candidatos a la *Rabadá/Navarro* que deciden abandonar.

El número de exprés recomendado es mínimo, y se deben saltar seguros de buriladas o descolgarse de algo mejor para recuperar el material si no se quieren llevar hasta, por ejemplo, las 25 cintas que necesitarían todos los buriles de la *Directísima*. Atención a los cables de acero de tipo industrial, pueden estar oxidados por dentro. Usar seguros alternativos o reforzar las reuniones.

El compromiso de esta pared es que no es rapelable por su parte más desplomada. Obligado subir hasta la cumbre y bajar por los rápeles de la cara sur.

40. Zunbeltz

(320 m, 8b+ o A3+/6a)

Primera ascensión:
13/02/1989. Antxón Alonso, Juan Antonio Olarra y Aitor Fernández. Liberada por Iker Pou en 2003.
Material: clavos variados (2 universales, 12 uves, 1 bong), 2 cooperheads, ganchos, friends nº 3 y 4, empotradores, 6 chapas recuperables.
Horario: 10/14 horas.
Descripción: vía restaurada en 2013 (llevado a cabo por uno de sus aperturistas, Aitor Fernández, con Iosu Gutiérrez, Zizto Amunarriz y Stig Larrañaga), renovando los seguros y dejando parabolts en las reuniones pero manteniendo el carácter y compromiso de la vía. Artificial trabajoso o libre muy expuesto. Se inicia a unos veinte metros a la izquierda del *Pilar del Cantábrico* y se une a este itinerario después de superar ocho largos de cuerda.

41. Pilar del Cantábrico

[500 m, 8a+ o 6a/A2+]

Primera ascensión: Antonio Gómez Bohórquez 'Sevi' y Jesús Gálvez en agosto de 1981, tras abrir Sevi hasta la R5 en años anteriores con diferentes compañeros.
Material: 20 exprés, fisureros, friends (útil el nº 3 para el L3),

8 o 10 clavos de uve y universales, ganchos, chapas recuperables (L5) y cordinos. Algún taquito de madera puede ser útil si vamos en artificial.
Horario: En función de si vamos en artificial o libre, la escalada puede suponer una jornada larga o bien dos días.
Descripción: una de las rutas más bellas y alucinantes del Picu. Ningún largo tiene dificultad excesiva en artificial, su sucesión es de gran continuidad. Muchas cordadas se escapan desde la R8 hacia Rocasolano, debido al cansancio.

La vía ha sido restaurada recientemente (agosto de 2024), a cargo de Víctor Sánchez y Pablo Fernández, sustituyendo los buriles antiguos por parabolts. Ver artículo en el que Víctor describe este minucioso trabajo en las páginas previas.

42. Sueños de invierno

(540 m, 8a o A4+/6a)

Primera ascensión: cima el 08/05/1983, tras 69 días en pared. José Luis García Gallego y Miguel Ángel Díez Vives. Liberada por Alex Huber y Fabian Buhl en septiembre 2016 (en 9 horas).
Material: clavos variados, plomos, falcas de madera, friends, empotradores, ganchos.

La vía ha sido restaurada recientemente (agosto de 2024) a cargo del Comité de Equipamiento de Picos, que la han devuelto a su estado original, o al menos lo más cercano a cómo lo dejaron sus aperturistas y primeros repetidores (solo 5 parabolts en toda la vía).
Horario: 4/6 días.
Descripción: itinerario de artificial muy duro, con repeticiones contadas. En los primeros largos la roca es quebradiza pero el resto domina un calcáreo de buena calidad. El recorrido va entre el *Pilar del Cantábrico* y la *Mediterráneo* y surca el extraplomo de la Bermeja, que se eleva algo más de 200 m desde la base. A partir de Rocasolano sigue más a la derecha de la *Rabadá/Navarro*.

43. Principado de Asturias

(250 m, A4/6a)

Primera ascensión:
iniciada por Tito Sánchez en 1987, y concluido por este con Luis y Fernando Santamaría en julio 1990.

Cara Oeste

Material: pitones cortitos, pitones al gusto para los primeros largos, maderitas pequeñitas, juego de ganchos, empotradores, juego Totem Cams, juego de Aliens, dos chapas con tornillo (detallado por Pelut tras su repetición en verano 2011).

Horario: 3 a 5 días.

Descripción: trabajosa escalada artificial de una gran dificultad en ocho largos de cuerda. Todas las reuniones quedaron equipadas con espits. La vía asciende entre *Sueños de Invierno* y *Marejada Fuerza 6,* y en cuatro largos alcanza un característico agujero llamado Nicho Principado. Dos largos permiten alcanzar un falso nicho, y otras dos tiradas más llegan a enlazar con el pasaje denominado la Manga, de la vía *Mediterráneo*, por la que se continúa ya hasta Rocasolano, y hacia la cima por la *Rabadá-Navarro.*

44. Mediterráneo
(500 m, 6b/A3)

Primera ascensión:
Miguel Ángel, José Luis y Juan Carlos Gª Gallego, y Ángel Ortiz Martínez en 11 días de ascensión hasta el 18/07/1980.

Material: 20 exprés, fisureros, friends y cordinos. Para el artificial: 7 u 8 clavos variados, 2 o 3 bongs, ganchos, cordinillos y algún taquito de madera y algún plomo (por si salta alguno de los instalados).

Horario: 12/15 horas.

Descripción: ruta de cierta envergadura que concentra la dificultad en los largos del des-

plome. Estos, aunque están bastante equipados, siguen siendo laboriosos, son la clave de la vía. Las reuniones están equipadas, aunque hay que reforzar alguna a partir de la R8. El cuarto largo (A3) coincide con la variante abierta por los hermanos Pou para su vía *Orbayu,* siendo el largo más duro en libre (8c), tanto de esta vía como de todo el Picu.

45. Vivencias en solitario
(500 m, A3+/V)

Primera ascensión: cima el 27/03/1986, tras doce días en pared en invierno, por Fernando Ruiz Sanz.

Material: clavos, ganchos, falcas, uñas y demás material técnico de artificial.

Horario: 7 días (es lo que tardaron David Palmada 'Pelut' y Jordi Servosa en la primera repetición de la vía, en invierno de 2010).

Descripción: se supera la lastra Ifach por el medio de la misma. El segundo largo asciende entre las vías *Mediterráneo* y *Murciana* hasta el montaje del rápel de la segunda reunión de esta. El tercer largo permite alcanzar una laja denominada Laja del Niño, encima de la cual se monta la reunión. Tres largos de cuerda (en el quinto se pasa verticalmente sobre la horizontal travesía de la vía *Marejada Fuerza 6*) permiten alcanzar una oquedad llamada Nicho Meón por el primer ascensionista. Los largos 7 y 8 nos sitúan encima del Gran Diedro. A partir

de aquí se continúa a la derecha de la *Mediterráneo,* para cruzarla un poco más arriba y seguir por su izquierda hasta la cima en cuatro largos de cuerda. Casi todas las reuniones están equipadas con dos espits o buriles

46. Murciana 78
(500 m, 7c+ o 6a/A2)

Primera ascensión:
tras equipar la primera parte, el 11/08/1978 alcanzaron la cumbre José Luis y Juan Carlos García Gallego, Juan Carlos Ferrer y Alfonso Cendán en un ataque de nueve días.

Material: 15 exprés, fisureros, friends, cordinos. Con un nivel de 6c/7a es posible no llevar pedales ni ganchos. Son recomendables cuerdas de al menos 55 m para realizar sin problemas algunos largos.

Horario: 7/10 horas.

Descripción: ruta magnífica que supera la pared de una forma muy elegante. Vía restaurada por el Comité de Equipamiento, con todas las reuniones equipadas con parabolt y anilla para rapelar (es la principal línea de rápeles de la cara Oeste). Los largos de artificial (L3 y L4) se encuentran equipados, salvo un corto tramo del tercero. El resto de la vía tiene pocos seguros. Aunque el itinerario es lógico, conviene tener en cuenta:

Cuando se han recorrido 20 o 25 m del L9, el diedro-canal se convierte en una fisura bastante vertical. No continuar por ella (*vía Ópera vertical*) sino

efectuar un corto flanqueo a la dcha. para alcanzar otro diedro invisible desde ese punto.

Desde la R10 (sobre la laja España), hacer una diagonal ascendente de 15 m hacia la dcha. Seguir de frente y hacia la izda. Así se evita el muro que domina la reunión (difícil y expuesto).

47. Ópera vertical
(450 m, 7b o A3+/6a)

Primera ascensión:
cima el 25/09/1983, tras 9 días, por Tito Sánchez y Nacho Orviz. Liberada por Kico Cerdá y Jesús Wensell el 19 julio 2020.

Material: 15 cintas exprés, juego de Tottem (repetido azul, negro y amarillo) y juego de Alien.

Horario: 12 horas.

Descripción: la vía fue restaurada en junio 2019 por Kico Cerdá y Eduardo González Amandi, reemplazando los buriles originales por parabolt inoxidables de 10x70 mm y chapas de la misma calidad, sin agregar ningún anclaje expansivo nuevo ni en reuniones ni en los largos. Sigue siendo un itinerario imponente de corte artificial, con su compromiso, carácter y exposición, acorde a los tiempos modernos.

48. Directísima
(500 m, 7b o 6a+/A2)

Primera ascensión:
un equipo murciano durante 13 días de marzo de1974. El asalto final de 5 días lo realizaron Miguel A. García Gallego, Juan Carrillo, Carlos del Campo y Mariano Cantabella.

Material: 18 exprés, fisureros, friends y drizas largas. Los ganchos pueden sér útiles en algún paso aislado si se posee un nivel inferior a 6b+.

Horario: 9/12 horas.

Descripción: La segunda ruta abierta en la Oeste surca el impresionante muro central de la pared. En aquella época quedó prácticamente cosida a buriles de compresión (en forma de 'pe') hasta la R6 del croquis, excepto el inicio del primer largo. A partir de aquí, los seguros escasean. En la R9 existe una sola 'pe' que se refuerza fácilmente con fisureros y friends pequeños. La ruta sólo aborda la laja España a la altura de Cataluña. Cuando se aprecia la auténtica be-

lleza de este increíble muro es escalándolo en libre. La escalada es muy técnica y de dificultad asequible. El L3 se encuentra entre los mejores del Picu. La vía es rapelable desde la R5 (reuniones equipadas con argollas).

49. Revelación
(515 m, A4/6b o 7b+, obl. 7a)

Primera ascensión:
julio de 1981 por los hermanos Miguel Ángel, José Luis, Carlos y Javier García Gallego. Liberada por Jesús Ibarz y Pablo Ruiz el 20/09/2017.

Material: 15 exprés, 2 juegos de microfriends, 2 juegos de friends (hasta el nº 4), fisureros.

Horario: 2/3 días. Ha sido escalada en libre en el día (11 horas).

Descripción: primer largo en común con *Soy un hombre nuevo.* Supera la Lastra Soldada por su parte izquierda. Tras otros tres largos de cuerda, se accede a una reunión en la parte inferior del Techo Inclinado, por el que se sigue dos largos más. Otras dos tiradas permiten acceder a la laja característica llamada la Panocha, se supera por la izquierda. Otros cinco largos en libre llevan a la cima. Vía expuesta y comprometida tanto en artificial como en libre.

50. Gizon Berri Bat Naiz (Soy un hombre nuevo)
(575 m, 7b+, obl. 6c)

Primera ascensión:
septiembre 1989 por Ramón Portilla y Jon Lazkano. Reequipada por ellos mismos para hacerla en libre en 1993.

Material: 15 exprés, empotradores y friends. La vía ha sido restaurada recientemente (2023-25), dejando instaladas en la reunión dos parabolts, y seguros nuevos en todos los largos.

Horario: 6/8 horas.

Descripción: El primer largo es común con *Revelación*. A partir de aquí se asciende de forma muy directa, paralelamente y a la derecha de la *Directísima*, durante seis largos, hasta alcanzar el rápel de la Gran Travesía de la *Rabadá-Navarro*. Desde aquí, tres largos más de forma directa llevan a la base de la Laja España en su parte derecha. La vía se termina en este punto, pero tres largos más por la *Directísima* permiten alcanzar la

Cara Oeste

DARIO RODRÍGUEZ

GRAN DIEDRO
(Oculto)

Tiros de la
Torca

Hombro
noroeste

Repisa de
Rocasolano

Laja
España

Repisa

Gran
Diedro

Grietas

Anfiteatro
de los
Tiros

Chorrera
blanca

V+

La Cicatriz

Anfiteatro
noroeste

Gran techo
(7b+)

Pequeño
diedro

Laja
Fisura

Lastra
adosada

Cherokee way

Desplome

Sagitario

Lastra

Diedro
amarillo

Opera vertical

Mediterraneo

Murciana 78

Rabada/Navarro

Excalibur

Solo al viento

Sagitario

Desplome de la
Bermella

Tramuntana

Marejada fuerza 6

Lastra
Ifach

DESNIVEL.COM   79

Cara Suroeste

Laja España

A1+/6c+
(7b+)

Repisa de
Rocasolano

6a+

Gran
Diedro

La Cicatriz

Lastra
adosada

IV

V

IV+

IV+

IV+

V

IV+

V

V

V+

V

IV+

V+

V+

⑤⑨

V

6b+

V

A1+
(7b)

7a+

A1+
(7a)

R9-30 m

R8-40 m

(8b)
7c,Ao

IV+

R7-150 m

II

Anfiteatro
de los
Tiros

⑤③

⑤④

⑤⑥

V

Salida por
Los rebecos
R10-50 m

III

V

V+

A2

III

IV+

⑥⓪

R5-35 m

V+

R4-25 m

R3-30 m

6b

A1+/A2

6b

R2-50 m

V

A2

⑤⑨

Tiros
de la Torca

R1
30 m

Ao/6a

6a

6a/A1

R3-40 m

Ao

6a

R2-25 m

IV+

V+

①

②

6a/Ao

⑤②

⑤①

⑤②

⑤①

⑤③

⑤④

⑤⑤

⑤⑥

⑤⑦

㊻

㊼

㊽

㊾

㊿

Solo al
viento

DARIO RODRIGUEZ

cima. Una de las mejores vías en su grado, roca de buena calidad, con mucho agarre tipo gota de agua.

51. Rabadá/Navarro
(750 m, 6c+ o 6a/A1)
Primera ascensión: Alberto Rabadá y Ernesto Navarro alcanzan la cima el 21/08/1962, tras 5 días.
Material: 15 exprés, fisureros, friends y cordinos. Pedales si no se domina el 6b.
Horario: 8/11 horas.
Descripción: la clásica entre las clásicas. No hay que subestimar sus 750 m de recorrido. Los dos primeros largos y el último tramo del tercero (antes de llegar a la R3) poseen parabolts. Existen algunos espits en los largos sexto y décimo y en la travesía encontraremos 6 o 7 parabolts. Aunque el itinerario es lógico, conviene prestar atención para alcanzar la Cornisa del Entreacto, inicio de la Gran Travesía. En este punto, se podrían evitar muchos despistes con una simple mirada al croquis: el primer largo de la Gran Travesía es alucinante. Las reuniones están equipadas hasta el Anfiteatro (encontraremos algunas reuniones restauradas con dos parabolts, así como la R del descuelgue). A partir de aquí puede ser necesario reforzar, en especial en el Gran Diedro. Hay algunos largos que se pueden empalmar con cuerdas de 60 m, en concreto: L1+L2, L4+L5, L6+L7, L8+L9, L14+L15 (los dos primeros empezando el Gran Diedro) y I18+L19 (los dos primeros desde Rocasolano).

52. Almirante
(500 m, 7a o A2/6a)
Primera ascensión: agosto 1982. José Luis y Juan Carlos García Gallego.
Material: 15 exprés, empotradores, friends, cordinos y unos 10 clavos variados.
Horario: 10/15 horas.
Descripción: primer largo de la Rabadá-Navarro, de la que se sale por la derecha. Dos largos directos permiten llegar hasta la base de una fisura que hay que superar. En otra tirada se alcanza la base de un nicho, del que se sale por su izquierda. Dos largos más permiten llegar al anfiteatro de los Tiros de la Torca. Por encima, la vía se vuelve en ocasiones comprometida y expuesta, con precarias reuniones y roca descompuesta. Se sale hacia la izquierda como en paralelo a la vía *Revelación* subiendo por la derecha del gran diedro inclinado y se monta reunión debajo de un pequeño pero característico desplome, que se supera directamente para alcanzar un nicho. Desde el nicho, un largo hacia la izquierda, permite llegar a la base de la laja Panocha, que se supera por su derecha. Desde encima hay que desviarse hacia la izquierda, para tener a la vista la laja España y, sin acercarse a ella, cruzando la vía *Revelación*, progresar directamente entre la *Directísima* y esta hacia la cima, en otros cinco largos de cuerda. Vía con carácter, poco repetida.

53. Cuélebre
(600 m, 7b+ o 6b/A1+)
Primera ascensión: 17/08/983 (finalizado en 1996). Luís Miguel Alonso, José Luis Rodríguez Pereira, Miguel Rodríguez, Elías Díez, Eduardo D. Geus y José Luis Fernández Villa.
Material: unas 15 cintas, fisureros, camalot hasta el 3, Aliens, un gancho.
Horario: 10/12 horas.
Descripción: vía parcialmente restaurada; comienza con un largo de unos 25 metros a la derecha de unas características chorreras amarillas, para, derivando a la izquierda, superarlas. Otros dos largos (el primero empieza hacia unos buriles a la izquierda y el segundo por una fisura) nos sitúan debajo de un característico desplome (que la vía *Almirante* supera por la izquierda), que se asciende por su derecha. Otro largo de menor dificultad hacia la izquierda nos lleva al Anfiteatro de los Tiros de la Torca. Desde aquí hay que desviarse a la derecha para coger una rampa que da acceso a una fisura de mala roca en 50 m, para llegar bajo un techo, que se supera por la izquierda hasta llegar a la Plaza Pelayo. Un largo de 30 me en travesía hacia la izquierda ("la Travesía de las Xanas"), permite alcanzar la vía *Excalibur*, por la que en dos largas tiradas (V+/6a) se puede alcanzar la cima. Los últimos largos son perdedores, así que otra opciónes, tras hacer el largo duro, "escaparnos" a la derecha, a los dos últimos largos de la *Leiva*.

54. Quinto imperio
(300 m, 8b o 7b+/A0)
Primera ascensión: septiembre 1996, por los portugueses Sergio Martins y Francisco Ataíde. Liberada por los Pou en junio de 2006.
Material: 15 exprés, fisureros, friends y cordinos. Se puede rapelar desde la R9.
Horario: 6/8 horas.
Descripción: comienza a la derecha y asciende los primeros metros de forma paralela a la vía El Cuélebre. Desde el Anfiteatro de los Tiros de la Torca progresa a la derecha de la vía *El Cuélebre* en cuatro largos, cruzando la *Leiva* en el último, hasta unirse con la de los *Rebecos*, por la que continúa hasta la cumbre. El largo clave (L7, 40 m), el segundo después de la rampa de Tiros de la Torca, pasó a ser (tras la liberación de los Pou) un 8b con una sección muy a bloque de agarres minúsculos que da paso a un muro de resistencia de 7b+/c con seguros cada 8 metros.

55. Sagitario
(200 m, 6a+)
Primera ascensión: del 16 al 18 de octubre, 1985. Higinio Giraldo y Andrés Villar.
Material: 10 exprés, fisureros y friends.
Horario: 3/5 horas.
Descripción: ruta que, a pesar de llegar sólo al Anfiteatro de los Tiros de la Torca, se ha convertido en uno de los más repetidos, ya que ofrece una escalada cómoda y rápida sobre una roca excelente. Todas las reuniones están equipadas con parabolts y anillas para rapelar. Suele haber tres o cuatro seguros en cada largo, pero algunos pasajes son difíciles de proteger, así que hay que ir sobrado de grado.
Los rápeles de *Sagitario* son peligrosos en caso de mal tiempo (tormentas), ya que canalizan todo el desagüe de los Tiros de la Torca. Una alternativa son las reuniones de *Quinto Imperio*, tienen parabolt con anilla y se puede bajar con cuerdas de 50 m.

56. Leiva
(500 m, 7b o V+/A1+)
Primera ascensión: del 7 al 13 de julio, 1979. Miguel Ángel Díez Vives y Félix Gómez de León.
Material: 15 exprés, fisureros, friends y cordinos.

Horario: 6/8 horas.
Descripción: ruta restaurada por el comité de equipamiento de Picos y por el Grupo de Rescate de Bomberos de Asturias (restauración finalizada en junio de 2024). Está bastante equipada y con roca buena, salvo en el inicio del gran diedro. Reforzar algunas reuniones, sobre todo en el gran diedro superior. En los largos de artificial abundan buriles y clavos y puede ser suficiente llevar solo un pedal.
El único posible embarque está en el L3: tras ascender 20 m hasta un gran puente de roca amarillo, salir a la dcha. aunque nos tiente otro puente de roca más arriba. Esta salida directa, además de no corresponder a la vía original, es más difícil y expuesta.

57. Cherokee Way
(200 m, 7a+/b o 6a+/A1)
Primera ascensión: 06/07/1984. Rafael Garvín y Javier Moreno. Primera en libre por Jesús Wensell y Miguel Menchaca en junio de 1993 (cotaron el largo duro de 6c+, actualmente 7a+/b).
Material: 15 exprés, fisureros, friends y cordinos.
Horario: 4 horas.
Descripción: la vía asciende de forma bastante directa en seis largos de cuerda hasta el espolón que baja de los Tiros de la Torca y enmarca por la derecha el Anfiteatro. Reequipada en 2008, con dos parabolts y anilla en las reuniones. El desplome (A1) está totalmente reequipado y los largos tienen parabolts en los sitios precisos. Buena alternativa de descenso (más segura que *Sagitario* en caso de tormenta).

58. La fiesta del Paca
(500 m, V+/Ae)
Primera ascensión: los días 9, 12 y 13 de agosto, 2002. Jaume Clotet, Paca, en solitario.
Material: 4 friends medianos (pequeños) para los tramos de IV+ y 5 chapas recuperables, además de los estribos.
Horario: 6/8 horas.
Descripción: se encuentra a la derecha de *Cherokee way* y su entrada se realiza en travesía desde la canal de los Tiros de la Torca hacia la izquierda, para buscar un diedro algo descompuesto. Trepada fácil

por unas terrazas hasta la R2. El L3 tiene seis pasos de artificial. Seguir por un diedro semiequipado para, en los largos L4 y L5, afrontar un espolón fácil y largo (V) equipado con puentes de roca y pitones. En la siguiente tirada hay parabolts instalados para los rescates.
El L7 se inicia con un paso de artificial para seguir hasta la reunión en placa tumbada. Un corto largo nos sitúa debajo de un gran bolo. Paso explosivo hasta enlazar con el artificial (14 pasos). Proseguir primero en diedro y luego por una chimenea hasta la reunión (tirada sinuosa, ojo al roce de la cuerda). En el L10 hay un pequeño offwidth más fácil de lo que aparenta. Seguir por las placas tumbadas hacia la izda. hasta superar un paso de artificial y llegar a la reunión. La última tirada es una trepada hasta la cima.
Todos los largos son de 50 m, excepto el L8 (30 m), así que ojo al roce (llevar bagas). Los Ae de los largos L3, L7 y L10 son apurables en libre.

▶ Cara Suroeste

59. Los rebecos
(250 m, V)
Primera ascensión: 24/08/1980 por Jesús Galvez y Josep Vidal Ponce.
Material: 10-12 exprés, fisureros, friends y cordinos.
Descripción: los dos primeros largos son en travesía hacia la izquierda desde el horcado de los Tiros de la Torca (IV+, V-) hasta alcanzar una marcada fisura situada entre las grietas de *Leiva* y *Niebla Nocturna*. Con cuatro largos por ella se alcanza la cumbre.

60. Niebla nocturna
(250 m, V, A2)
Primera ascensión: 07/08/1981 por Jesús Galvez y Antonio Gómez Bohórquez.
Material: 10-12 exprés, fisureros, friends, cordinos, clavos universales y de U.
Descripción: desde Tiros de la Torca se sigue la arista a la izquierda (IV) y en esa misma dirección se alcanza una repisa donde se hace reunión. Continuar a la izquierda hasta la R2 (buriles). Seguir en artificial (A2) hasta salir en libre a la tercera reunión. Tras dos largos más acaban las dificultades. ■

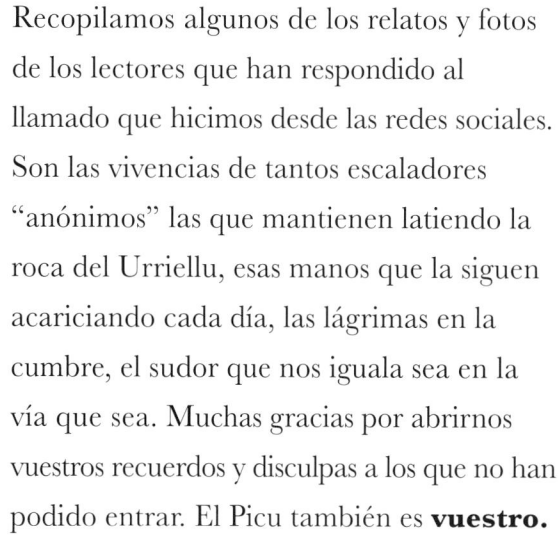

Recopilamos algunos de los relatos y fotos de los lectores que han respondido al llamado que hicimos desde las redes sociales. Son las vivencias de tantos escaladores "anónimos" las que mantienen latiendo la roca del Urriellu, esas manos que la siguen acariciando cada día, las lágrimas en la cumbre, el sudor que nos iguala sea en la vía que sea. Muchas gracias por abrirnos vuestros recuerdos y disculpas a los que no han podido entrar. El Picu también es **vuestro.**

NUESTRO PICU

Espejismos en el cielo

Las fotografías de Vía Láctea normalmente empiezan con planificación; esta no fue el caso. La foto nace a partir de mucha suerte y casualidades. Empezando porque los días previos a nuestra escapada nos encontramos con la triste noticia de los incendios, refugio cerrado, pista de Pandébano cortada e incluso restricciones a las actividades de montaña. Llega el día y todo eso mejora, menos mal; madrugón, sonrisas en la cara y a plantarnos en el refugio de Urriellu desde Madrid. Tras la cena, un pacharán y a ver el mar de nubes. ¡Ostras! ¡Qué cielo más limpio! Un vistazo rápido a la aplicación del teléfono para comprobar que, sin saberlo, estamos en noche de luna nueva y que a las 23 horas "el Camino de Santiago" pintará el cielo muy cerca del Picu. Ufff... pero mañana el despertador está a las cinco y tenemos un día largo. Solo puedo agradecer a mis amigos y compañeros de cordada (Fernando Comendador y Jacqueline Head) que me obligaron a tomar las fotos, una durante la "hora azul" y otra de noche con la Vía Láctea; si no es por ellos, como siempre, ni foto ni la escalada que hicimos al día siguiente por la vía *Espejismo de verano*. Buen nombre. Es durante el verano cuando está más tiempo visible el centro galáctico. **Raúl COMENDADOR**

RAUL COMENDADOR

NUESTRO VUESTRO **PICU**

¿Se puede pedir más?

Salimos de Pandébano, frontal, sueño y legañas. El orbayu y la subida nos despiertan conforme pasan los minutos. Antes de subir la canal de la Celada las primeras luces tocan cima –imagen que siempre se refleja en la cara como la de un niño el día de reyes–.

Hoy toca *Pidal/Cainejo*, rememorando los pasos de aquellos locos pioneros. Los primeros rayos de sol calientan los dos primeros largos, que se agradece en las primeras charlas con mi amigo y compañero de cordada Diego, sin el cual no estaría allí.

No dejamos de sorprendernos y fascinarnos con la hazaña que supuso subir por aquí en su día y con aquellos medios. Increíble.

Seguimos subiendo y solo acertamos a decir: «Hostia, ¡qué guapo! ¡qué pasada!» mil veces. Nuestras caras completan el resto del mensaje. Mientras, un mar de nubes se queda en la base y nos acompaña en la lejanía hasta la cima. Cima mágica, emblema de Picos. Escalada y amistad, ¿se puede pedir más? **Alfredo MAYOR**

COL. ALFREDO MAYOR

COL. ALBERTO TEJERA

Siempre especial

Desde la cumbre del Pico Tesorero el 30 de marzo de 2025, sobre la idílica imagen del manto níveo, emerge ese agreste colmillo gigante plantado encima de la Vega de Urriellu, como imperturbable faro mostrando su aspereza, sus formas toscas, sus bravas grietas y su costillar –Tiros de la Torca– que lo une a su vecina La Morra. Al fondo queda todo lo «cabraliego», la Sierra de Cuera y el mar Cantábrico, espectadores permanentes de su inconmovible firmeza y compostura.

La imagen del Picu Urriellu siempre es especial; la impactante vista es la mejor referencia en cualquier actividad de los Picos de Europa. **Alberto TEJERA**

Escalar en la luna

Empezamos la aventura a las 5 am, desde Pandébano. Subida al refugio del Urrie-llu (pensábamos que lo duro era hasta aquí) y seguir hasta el pie de vía (nos dimos cuenta que aquí estaba el desnivel real). No habíamos decidido qué vía hacer; al llegar a la pared todas nuestras opciones tenían gente, así que el destino decidió; la que estaba libre: *Amistad con el diablo*. A Juan se la habían recomendado unos amigos, luego todo el mundo nos dijo, «igual es hora de cambiar de amigos» jejeje, buena vía para vuestra primera vez en el Urriellu.

No hemos estado en la Luna, pero esta roca debe parecerse mucho, qué increíble. Roca gris infinita, fisuras y canalizos que parecen "colas de dragón".

Comprendimos por qué se llama "rompetobillos" a ese último largo. Trepadita para llegar a cima, foto con la virgencita y para abajo. Aventura larga, exigente pero brutal.

Ha sido un placer Picu, volveremos a vernos. **Blanca CARRALERO**

COL. BLANCA CARRALERO

SIGRID HUERTAS

Parte de ti

Ahí estás, en el horizonte, gris inmenso, coloso de roca caliza. Ahí estás, donde siempre has estado, donde siempre estarás, donde siempre espero encontrarte, tú... Picu Urriellu.

Puedo sentir cómo me observas, escucho tu llamada en mi interior, una fuerza primigenia que me atrae, el canto de un gigante convertido en piedra.

Encordada a ti, respiro hondo, dejo volar mis pensamientos para aligerar peso, los veo alejarse volando junto a las chovas, me agarro a tus cicatrices, largos canalizos que forman una travesía ascendente.

Subiendo hacia tu cumbre el silencio se rompe por mi respiración y la fricción de nuestras caricias mientras el tintineo de los mosquetones acompañan a los lejanos cencerros de las praderías.

Te abrazo, para sentirte aún más cerca, para poder escuchar los latidos de tu historia, los ecos de los pioneros que antaño subieron por tu lomo y jadeante te pregunto si a mí también me permitirás llegar a tu cumbre, formar parte de tus recuerdos.

Cielo y roca sobre mi cabeza, cumbre que rasga las nubes, cumbre que tocan mis dedos... ¡Cumbre! Ante mis ojos aparecen escarpadas torres, peñas, agujas, neveros, jous, valles, majadas... Un infinito que se pierde en el Cantábrico y que llena mis ojos de lágrimas.

Y en lo más alto, donde ni siquiera llegan los rebecos, donde se pueden alcanzar las estrellas, me siento plena, me siento montaña, me siento parte de ti y te doy las gracias... Picu Urriellu.
Sigrid HUERTAS

Una y mil veces

Mi primer encuentro con el Picu fue accidental. No es habitual, pero a veces me gusta ir a sitios nuevos a la aventura, sin buscar mucha información, y Picos de Europa fue uno de esos. Llevaba años queriendo conocer el parque, pero, en realidad, sabía muy poco de él. En 2021, tras dos años sin pisar España debido a la pandemia (vivo en el Reino Unido), volví a visitar a mi familia y me pareció la oportunidad perfecta para tacharlo de la lista. Busqué un guía titulado, que me propuso hacer la arista integral Cabrones-Torrecerredo y subir este segundo al día siguiente. Miré las rutas en internet y me parecieron bien, así que una mañana de agosto a las seis en punto, mi pareja y yo prendimos los frontales en Collado Pandébano y nos pusimos en marcha hacia el refugio Vega de Urriellu.

A medida que el día iba clareando, un titán de caliza iba asomando imponente a lo lejos. Durante unos segundos, nos quedamos de piedra, como él, mirándonos sin saber bien qué decir. Su pared se iba tiñendo con tonos anaranjados por momentos y su caliza ejercía un magnetismo enigmático imposible de explicar. De pronto, até cabos: el Naranjo de Bulnes. Cada metro que ascendíamos nos recompensaba con un trocito más de su cara, que iba cambiando de color a la par que el sol conquistaba el cielo.

Lo que no nos imaginábamos era que, al día siguiente, un cambio de planes con el guía nos acercaría hasta la base de su emblemática cara sur, gatos prestados en mano, para escalarla. Nosotros estábamos en vías de ser montañeros, no escaladores. Pero el Picu se cruzó en nuestro camino y ahora somos las dos cosas. Desde entonces, hemos escalado paredes y montañas en otros sitios de España, los Alpes, Tailandia, Sudáfrica, Pakistán y, en breve, Ecuador. Pero también hemos vuelto a Picos dos veces a escalar y a hacer el Anillo, y solo el destino sabe las veces que regresaremos. Porque este no es un lugar que se tache de una lista y ya. Este es un lugar al que se vuelve una y mil veces.
Carolina CASADO

COL. CAROLINA CASADO

NUESTRO VUESTRO **PICU**

COL. IVÁN ANDRÉS CARMONA

No es un padre cualquiera

El 9 de julio hice cumbre en el Naranjo de Bulnes junto a mi padre, el alpinista madrileño José María Andrés 'Chemari'. Escalamos por la vía *Cepeda* de la cara este y trepamos por la sur hasta alcanzar la cumbre del gigante de piedra que es el Urriellu. A mis 16 años, he logrado alcanzar la cima de uno de los picos más famosos del alpinismo español, pero no considero que el logro haya sido exclusivamente mío, sino que, si he escalado lo que he escalado, ha sido gracias a mi padre.

¿Cómo me habría empezado a gustar la escalada sin él como referente? ¿Cómo habría llegado siquiera a escalar en deportiva sin sus enseñanzas? Sin el increíble padre que por suerte me ha tocado, y me ha animado desde siempre, ni siquiera lo habría soñado. Por eso quiero desde aquí decirle ¡muchas gracias, papá!
Iván ANDRÉS CARMONA

COL. FRANCISCO JAVIER GONZÁLEZ

Un recuerdo eterno

Es difícil explicar lo que significa esta foto para mí. Tengo muchas fotos de cumbres, pero esta es de la que más orgulloso me siento. Primero porque escale el Naranjo (fue la primera y la última vez que me puse los pies de gato), y segundo porque subí con Orlando, quien desgraciadamente nos dejó en 2011. Esta foto es un homenaje a este amigo y a su desmedida pasión por la montaña. Siempre en nuestro recuerdo. **Francisco Javier GONZÁLEZ**

Cita anual en un lugar de amistad y aprendizaje

El Picu Urriellu siempre estuvo presente en mi imaginación antes de pisar su base. De niño lo escuchaba nombrar en la escuela, cuando un profesor de geografía relataba las gestas de los murcianos y otras cordadas mientras recitaba: «¿Por qué me llamas Naranjo si no soy un árbol frutal? Llámame Picu Urriellu, que es mi nombre natural». Pero fue mi hermano mayor, tras escalarlo, quien sembró en mí el deseo de seguir sus pasos.

En 2016 lo subi junto a él por primera vez. Desde entonces regreso cada año, como una cita con la montaña y visita a la Virgen de las Nieves. He compartido sus paredes con amigos como Luis, Óscar, Ángeles mi prima, Nacho y Álvaro y con Nico, quienes me acompañan en las escaladas más exigentes.

En 2024 fuimos a la *Directísima*. Amaneció con temperaturas bajo cero y, tras ocho horas de sufrimiento, apenas habíamos superado media vía. Decidímos que no merecía la pena seguir y bajamos, recordando que en la montaña también se gana sabiendo renunciar.

Este verano volvimos. Mismo compañero, misma ruta, pero otro final: buen tiempo, disfrute y la sensación de reconciliarnos con la vía, la cual nos dio un día de plena satisfacción.

Para mí, el Urriellu no es solo una montaña: es un lugar de amistad, de memoria y de aprendizaje. Cada regreso me enseña algo nuevo y me recuerda que este gigante de roca siempre estará en mi vida con nuevos proyectos que me hacen soñar durante meses. **Ignacio ÁLVAREZ**

COL. IGNACIO ÁLVAREZ

Del mar a la cumbre del Urriellu en el día

Han transcurrido más de tres años desde que me imaginé en el camino hacia el Urriellu desde el mar Cantábrico. Tanto tiempo que la idea ya casi había quedado en el olvido. Encontrar a un compañero de aventuras alocadas puede ser todo un desafío; a veces parece que todos están en su propia onda y que nadie quiere salir de la zona de confort para vivir esas experiencias locas, exigentes y, por qué no, a veces traumáticas. Pero, cuando encuentras a esa persona, ¡la magia sucede!, aunque en ocasiones necesite todo un proceso:

FOTOS: COL. CURRO GONZÁLEZ

Primer intento: Un día charlando con 'Ojos claros' (Iris Gutiérrez):
- Jo, qué ganitas de irme a mi tierriña, desconectar y estar con la familia.
- ¡Ya no te queda nada!, ¿Y durante todo ese tiempo no escalas?
- ¡Qué va! Me encanta y me motiva mucho montar en bici y correr por allí... (En ese mismo instante comprendí que era la víctima perfecta para aquel viejo proyecto olvidado).
- ¡Buah!, con lo bruta que eres te pondrás muy fuerte... (no tengo grandes facultades, pero si de algo puedo presumir, es de ser un excelente embaucador), pues te propongo una actividad que te va a motivar...
- A ver... (con cara de póker a sabiendas del disparate que acontece).
- ¡Podemos subir el Urriellu desde el mar! en bici, corriendo y escalando.
- ¡Boh!

Segundo intento: Tras un tiempo prudencial...
- ¿Sabes? Hoy he hecho tirada larga con la bici, ¡me siento súper bien!
- Menuda envidia, me alegro mucho de que disfrutes, a ver si retomo yo...

- Sí, ¡estoy muy motivada! (de nuevo, encontré indicios que un embaucador no puede dejar pasar).
- Oye, pues podemos intenta subir el Urriellu desde el mar.
- ¡Buah! ¡menuda actividad chula! (Efectivamente, no se acordaba de aquella alocada propuesta anterior).
    Creedme que cuando Iris está motivada es para echarse a temblar:
03:59 am. Recibo un mensaje con tres itinerarios diferentes para la ruta en bici: desglosando el perfil altimétrico, kilómetros y desvíos; con marcas rosas en los lugares conflictivos.
04:00 am. Recibo un mensaje con un texto especificativo donde se plasman las razones de por qué debemos seguir el primer itinerario.
04:01 am. Recibo un mensaje recordándome que me lleve el Totem azul y morado.
04:02 am. Recibo un mensaje recordándome que me lleve el Camalot #1 y #2.
04:03 am. Me levanto, cojo el móvil, entro en las redes sociales, la dejo de seguir y la bloqueo; borro su contacto y lo marco como Spam, me asomo al balcón y arrojo el teléfono a la piscina.
04:04 am. Llaman a la puerta de casa, es 'Ojos claros', no podía dormir por los nervios y ha venido dando un paseo desde Galicia...

Bicicleta: 54 km +1.272 m 3h 26'
Comenzamos al amparo de la noche, con los pies y ruedas de nuestras bicicletas reposando en la arena de la playa. Una manera un tanto estrambótica de partir, pero debía ser así, desde el mismo mar Cantábrico.
    El desagradable madrugón pronto empezó a dar signos de acierto, ni un alma en las carreteras y una bucólica

estampa al ver despuntar el alba en los encajonados desfiladeros del río Cares.
    El trayecto es bastante llevadero hasta el conocido punto de Puente Poncebos, donde una criminal e interminable rampa nos pone a prueba; tras esta, podemos disfrutar de una maravillosa vista y algún descanso entre el falso llano.

Correr: 11 km +1.527 m 2h 52'
Al progresar con nuestras bicicletas de carretera, estábamos limitados a la hora de realizar nuestra aproximación al Collado de Pandébano. Así que dejamos de utilizarlas justo en el punto donde el asfalto se transforma en tierra, allí mismo hicimos la transición, nos vestimos de corredores y nos pusimos a la espalda todo el material para escalar.
    A mitad de la canal de la Celada, el «tío del mazo» me vino a ver (mientras 'Ojos claros' a tope de dopamina tiraba y tiraba), la combinación de geles y barritas me habían destruido el estómago (menos mal que pude recomponerme y continuar en silencio).

Escalar: +/- 300 m 43'
Cuando por fin divisamos la cara Sur del Urriellu, pudimos confirmar nuestras sospechas: A lo largo de la ruta había diferentes cordadas escalando.
    Gracias a la amabilidad de todos los escaladores, pudimos conseguir llegar hasta la cumbre de una forma muy fluida.
    En la cumbre del Urriellu vivimos un momento mágico, no dábamos crédito de lo sucedido, había sido como un sueño. Todo había fluido y transcurrido de una manera natural y sencilla, no hubo en ningún instante ningún contratiempo, sólo felicidad y sonrisas en las caras. **Curro GONZÁLEZ**

NUESTRO VUESTRO **PICU**

Escuchar la voz de la montaña

Nuestra historia fue un reto al destino, le doblamos el brazo en un pulso después de forcejear un poco, no os vayáis a pensar. Era un finde soleado de septiembre, si vives en Asturias como es nuestro caso, sabes que eso puede ser tan raro y único como común, según la semana, la hora o incluso el segundo dentro de un minuto.

Después de darnos cuenta en Pandébano de que no éramos las únicas personas en el mundo que quisieron aprovechar ese sol, encontramos un único aparcamiento -de legalidad cuestionable- y tuvimos que llamar a un taxi maravilloso, atento y todoterreno que nos llevó hasta el inicio de la ruta, ya que íbamos cargadas con sacos y todo el material de escalada, y pensamos que era mejor optimizar la energía. A los 200 metros de empezar la ruta, ambas empezamos a notar

unos mareos importantes, compatible posiblemente con una mezcla de nervios, tensión baja y mareo del taxi, por lo que nos vimos obligadas a parar en la Terrenosa a tomarnos "el refresco mágico azucarado y gaseoso" cuyo nombre no voy a nombrar por evitar publicidad engañosa, Después el apretón, Canal de la Celada para plantarnos a pie de vía a media tarde, cuando la gente bajaba del Picu. Es de remarcar que era mi primera vía de clásica...

Nada más llegar donde íbamos a dormir –nuestro acogedor vivac– vimos cómo una piedra del tamaño de tres cabezas rompía frente a la de un escalador que estaba rapelando por la Sur –sí, justo esa que íbamos a hacer unas horas después–. Intentamos ayudar todo lo que estuvo en nuestra mano, ya que el escalador se encontraba en medio de la pared, con una posible clavícula rota rapeló hasta abajo porque no le quedaba otra y, cuando bajó, le asistimos y esperamos al helicóptero de rescate. El espectáculo fue emocionante a la vez que me hizo replantearme la existen-

cia entera, viendo pasar mi vida por delante de mis ojos –mi corazón luchando con mi cabeza–. Pero al día siguiente a las 6 y media estábamos en la pared –ganó el corazón– y fue maravilloso coronar la cima con el amor de mi vida y con todas mis emociones a flor de piel. A veces la vida te manda señales, otras solo hay que escuchar la voz de la montaña. **Lucía SÁNCHEZ**

Un croquis, 12 cintas, 4 Aliens y dos "motivaos"

Teníamos la vía entre ceja y ceja desde hace años: *Gizon Berri Bat Naiz* (Soy un hombre nuevo). La mayoría de las veces no hay otra manera de hacer las cosas: fecha, objetivo y te subes SOLO el material justo para la vía, que en este caso es

poco, y SOLO el croquis de esa vía, y así no tienes tentaciones de arrugarte...

Llegamos el viernes por la tarde a Pandébano. Pateo al refu, cena, saco y oraciones, en este caso rosario completo para encomendarnos a todos los santos para el día siguiente. La meteo da fresco por la mañana, así que decidimos no madrugar mucho confiando en que nadie en su sano juicio se hubiera metido metido en la vía... Acertamos. La cosa pinta así:

L1: 7b+ a bloque que se "acera" a las mil maravillas. Luego 6a+. 5 espits, no se mete nada más.

L2: 7a, 7 espits, y 35 m. Placa excepcional de gotas de agua. Navegar entre "corrientes de aire" sin meter nada.

L3: 6c, 6 espits y un clavo, 30 metros. Escalar, escalar, navegar, navegar... aquí el aire no corre entre los seguros...vuela.

L4: 7a+, 8 espits, 30 metros. No metes nada de nada. De los 8 seguros 3 están bien pegaditos en el muro de arriba... navegar para luego apretar...

L5: 6c, 5 espits, 1 puente de roca, 35 m. Navegar, navegar... Si llegas a la R5 te convalidan el PER.

L6: 6b+, 5 espits, 40 m. A tirar de sextante, astrolabio y prismáticos. Aquí metes algún Alien para calmar la ansiedad... de no ver los espits.

L7: V+, 2 espits, 40 m. Claro, 5 espits eran demasiados...

L8: 7a+, 9 espits, 1 clavo, 1 puente de roca, 30 m. Claramente sobreequipado (jeje).. Muro vertical excepcional: adherencias, gotas de agua, lajas invertidas, regletas, romos, pufff. La mitad de las oraciones de la noche anterior se las lleva este largo.

L9: 7a, 9 espits, 40 m. Menos mal que reservamos el otro 50% de las oraciones. No ves los seguros (verde manzana), cuando los ves te cagas de lo lejos que queda el último, y te cagas en el humor de Lazkano y Portilla.

L10: 6b, 5 espits 1 puente de roca, 45 m. La reunión son 3 clavos y coincide con la *Directísima*. Dos cordadas por delante no nos auguran felicidad en los tres últimos largos de V. Así que con buen criterio decidimos rapelar.

A las 17.20 tocábamos el suelo. A las 18.00 zumbando para abajo. A las 00.40 en casita y ganando unos preciosos puntos para la próxima.

Dejando a un lado el desarrollo literario de la escalada, la vía es INMENSA, INCONMENSURABLE, SUBLIME, BRUTAL... Hay que animarse a hacerla, que se deja, la roca es perfecta, casi, casi llevas el mismo material que para una placa pedricera (ligero como la brisa que te acompaña entre los seguros).

David GILABERT

[escaló la vía con Daniel Cortina en septiembre de 2012 , antes de su restauración]

La Murciana "exprés"

Yo diría que todo comenzó en el penúltimo largo, ya cansados, con calambres en los brazos por la deshidratación, intuyo a mi compañero apretar el culo más de lo normal en un largo supuestamente de trámite, pues efectivamente llega a la siguiente R por una variante inventada: se había embarcado. Y, como yo no quiero ser menos, pues allá que voy a por el último embarque. Se oían todavía las voces de dos miembros del GREIM de Cangas que ese día también eligieron la misma vía y para mí que también le quisieron dar algo de "picante" al último largo...

A todo esto he de decir que era mi estreno en el Picu y como mi compañero es así, me dijo ¡vamos por la Oeste!, aunque fuese por una de las "fáciles"...

Salgo de la ultima reunión con tendencia a derechas, por lo que parece de momento terreno fácil, pero cuantos más metros vas escalando, la placa cada vez se pone más tiesa y las posibilidades de proteger van disminuyendo. Llevo unos cuantos metros sin meter nada y por fin meto un nº 2 en un agujero bastante mal emplazado, que en caso de caída puede que me parase por apalancamiento... o no. Resoplo un poco y sigo escalando totalmente embarcado, pensando cuánto quedará y qué me voy a encontrar (te da tiempo a pensar muchas cosas entre sartenazo y sartenazo). Voy mirando para atrás: el dos esta en casa dios.

Intuyo un pequeño agujero a un par de metros, llego a él y protejo con un Totem negro, bufff que tensión, su pu.. madre. Cojo aire, sigo escalando buscando aquellas maravillosas ansiadas argollas brillantes, pero no las veo, escalo un par de metros más, paro a reposar un poco de mala manera y ¡zas! ¡se me va un pie!

Pilla, pilla, pillaaaaaaaaa, veo el Totem negro saltar, lo adelanto, sigo cayendo, adelanto al Camalot del dos, por dios que me pare... y buff de repente estoy colgado, sí, me ha parado.

– ¿Estás bien? (mi compañero)
– Sí, sí, estoy entero, pero bájame que me quiero fumar hasta un pitillo.
– ¡Pero cómo te voy a bajar satélite!, ¡tira pa´rriba!
– ¡Y unos cojones! bájame con cuidado.
– ¿Cómo que con cuidado?
– Sí, que estoy de un dos, mal *colocao*.
– Tu verás, yo te bajo...
– ¡BÁJAME!

Mientras me está bajando, veo como a 10 metros a la izquierda un clavo, pues sí, sí que me he ido de paseo... Bajo a la *reu*, me fumo un pitillo de casi un calada, y me dice mi compañero entre risas, «¿qué, tiras para arriba?». Ante mi "amable" negativa, tira él y llega a la R por el trazado original sin despeinarse, evidentemente.

Y, claro, a mí me toca subir con la cuerda por arriba por mi embarque a recuperar el material, para luego unirme al trazado, diez metros a la izquierda. Cuando llego al Camalot del 2, veo que llegar al trazado en travesía es algo complejo, así que le pido al compañero que pille, me pego el pendulazo padre, escalo los últimos metros y por fin llego a la R.

«Venga, venga, que se nos echa el tiempo encima». Mi compañero, que es un poco agonías, quiere quitarse los rápeles con luz, como debe ser.

Nos desatamos, me quito la mochila, la cual incluye entre otras cosas; las zapatillas de ambos, las llaves del coche, los frontales y los móviles (comida y agua no, porque ya habíamos gastado lo poco que llevábamos).

En fin, ¿qué creéis que podría pasar para poner la guinda al pastel?

Pues que mientras estoy plegando la cuerda, siento un ligero movimiento a mi derecha y veo cómo la mochila pierde su apoyo sobre la piedrina en la que estaba, hace dos movimientos que os juro vi a cámara lenta y se cae los quinientos metros de la Oeste para abajo... ¡Nooooooo!

Me echo las manos a la cabeza, me siento como un autentico patán, no me lo puedo creer, joder...

Miro a mi compañero, tiene los ojos inyectados en sangre, parece un Pitbull con la rabia, creo que me quiere empujar para abajo con la mochila...

Tiramos para la cumbre a buscar la Virgen para que nos dé suerte, que la necesitamos. Y de la mala ostia que tenemos en el cuerpo no queríamos ni foto, dos que pasaban por alli, creo recordar que la cordada de Dani Fuertes que venía de hacer el Pilar en libre, nos tiran la foto de la cagada. Nuestras caras lo expresan todo, no estábamos para celebraciones.

Todavía nos quedaban los rápeles, donde, faltaría más, se nos quedaron pilladas las cuerdas... Y un magnífico paseo de unas 6 horas a la luz de la luna por la Celada en "modo eco": sin zapas, sin frontales, sin comida, sin abrigo y sin agua... La vuelta por la Celada, llegar a las 4 a la Vega y picar noche con el frío daría para un capítulo más...

Pero ya me he enrollado demasiado, solo a modo de epílogo: a la mañana siguiente, calzados con las Crocs rosas del refugio, encontramos la mochila a pie de pared, ¡y el móvil seguía funcionando! Claro que solo duró unos días más, luego murió antes de haber guardado las fotos... **David MUÑOZ**

El mejor regalo

El Picu es *duru*... pero queda grabado por siempre. En un 40 cumpleaños decidimos acompañar en la aventura a quienes amamos, formamos dos cordadas: la cumpleañera que afrontaba la *Rabadá/Navarro* (demostrando que 40 no son nada) y la de los acompañantes para afrontar la *Schulze*. A mitad de vía, mediante walkies, se escuchó un cumpleaños feliz especial. Ningún regalo suena mejor en ningún lugar. Solo la suerte de quienes se atreven a tocar uno de los techos de Picos sabe de qué hablo. Bendito Uriellu. **Tamara HERREO**

COL. TAMARA HERREO

NUESTRO VUESTRO **PICU**

Vínculo en las cuatro caras

Por fortuna, unas semanas antes de esta actividad una amiga en común nos puso a los dos en contacto; conociéndonos a ambos pensó que podrían surgir cosas interesantes si nos juntábamos en una pared. Cosas de 'la rubia' (Iris Gutiérrez), a la que por supuesto hicimos caso. Sabiendo que ambos estaríamos por Picos en agosto, nos bastaron un par de mensajes para quedar a echar una carrera. Un mensaje más para decidir que en lugar de correr era mejor ir a escalar las 4 caras del Picu en el día, y uno más para terminar convencidos de que lo mejor era hacerlo desde Pandébano y en total autonomía, coche a coche. Sin duda, era una actividad en la que ambos habíamos pensado antes, e incluso planificado con otros compañeros; pero por un motivo u otro no llegamos a hacer, y que sin más surgió de manera natural y espontánea en esta ocasión.

Nos pusimos cara la tarde anterior a nuestra particular aventura. Parecía obvio que uno de los dos era algo mayor que el otro. Averiguaríamos más adelante que eran casi tres décadas las que nos separaban. Sin embargo, con una media de 33 años, hacíamos una cordada de una edad perfecta para actividades de este tipo.

Con alguna duda en cuanto a cómo iba a funcionar esta improvisada cordada, arrancamos de madrugada saliendo de Pandébano según lo planificado; a las 6 am estábamos ya empezando a escalar la oeste por la *Murciana*, en total soledad y con idea de escalar en ensamble y estilo ligero. No veríamos a ninguna cordada entrar por la Oeste hasta hacer cumbre unas 4 horas más tarde. Seguimos ya más rápido con la norte por la *Pidal/Cainejo* y la este por la *Cepeda*, que hicimos en 2 tiradas, y la sur por la *Directa de Los Martinez*, que escalamos en una. Menos de 12 horas después hacíamos cumbre por cuarta vez.

A pesar de no conocernos y de no haber escalado antes juntos, todo salió a la perfección. Escalamos de manera ágil, pero sin "correr" y sin sensación alguna de haber comprometido la seguridad o habernos expuesto en exceso. Disfrutamos como nunca, nos reímos un montón, sufrimos algo y, sobre todo, pasamos muchísima sed; pero coincidimos ambos en que acabábamos de vivir una de las mejores jornadas en montaña, y además en nuestro querido Picu. Eso sí, al día siguiente solo uno de los dos se fue a escalar y el otro tuvo que cogerse un merecido descanso...

Una vez reposado lo vivido, es imposible no sentir aún más admiración por otros escaladores que han completado esta actividad en tiempos increíbles, como pueden ser las 4 h 40 min que tardó el madrileño Luis Gómez en escalar las 4 caras en solitario, hace ya más de 20 años. Pero, también, estando lejos de los récords y fuera de la élite, es imposible no querer seguir soñando en intentar actividades que nos supongan un reto personal y nos exijan darlo todo haciendo lo que más nos apasiona.

La escalada tiene algo muy especial en cuanto a todas estas cosas se refiere. La pasión por la montaña, por correr, por escalar, y la ambición por buscar nuevos retos es capaz de generar rápidos vínculos a pesar de ser personas muy distintas unas de otras, de conocernos más o menos, de haber grandes diferencias en cuanto a dónde estamos en nuestras vidas, en qué trabajamos, en dónde vivimos... o la edad que tenemos. **Modesto Saiz (solo 47) y Álvaro Munguía (ya 20).**

COL VIKI ESCOBEDO

Paciencia y esperanza

Así se vieron los cielos en el amanecer de la ola de incendios que asediaron la periferia y parte del Parque Nacional de los Picos de Europa.

Como una mañana normal, comenzamos andando a las 4.30 am para escalar la *Espejismos de Verano*, en la cara este del Urriellu. En el primer largo, las luces del amanecer se presentaron distintas, espectaculares y, aunque nos llamaron enormemente la atención, en nuestra ignorancia simplemente agradecimos tal regalo.

Después de muchas mañanas con luces y colores de ensueño, esta dejó de ser una más en el segundo y tercer largo cuando, al mirar al este, todo era nuevo, rosa y naranja, desconcertantemente hermoso.

Dos días más tarde, los teléfonos nos sonaban tanto a guías como a clientes con alarmas de protección civil, instándonos a abandonar toda actividad deportiva en la zona y salir del Parque. Ese día, la escalada en las Agujas de Tajahierro era lo más parecido al infierno; humo en el ambiente que no dejaba ver ni respirar, hojas de roble quemadas llegaban hasta las cumbres de Tajahierro, y la ceniza tupía el ambiente. Nos bajamos.

Los días de después transcurrieron entre incertidumbre, impotencia, lucha vecinal, desinformación... Ahora, paciencia y esperanza en los brotes verdes, en la fuerza de los años de los bosques y arbustos, en la resiliencia de las camperas y ánimo para los habitantes de ninguna, dos o cuatro patas, de pelo, piel o pluma, para resurgir de las cenizas de la desolación. La caliza azul inalterable de los Picos espera paciente el brillo del verde manto que la viste alrededor. Tiempo...
Viki Escobedo y Eder Domínguez

COL. MODESTO SAIZ